Sabine Mänken
Bettina Hellebrand
Gabriele Abel

Herausgeberinnen

# Die verkaufte Mutter

21 Erfahrungsberichte zur Freiheit der modernen Frau

Quell
Edition

# Impressum


Saalgasse 12
60311 Frankfurt am Main
T 069 - 21 99 49 40
F 069 - 21 99 49 42
info@quell-online.de
Besuchen Sie uns im Internet: www.quell-online.de

Umschlag-Gestaltung: Martin Dixon
Gestaltung: Printfinder
Fotos: René Antonoff
Lektorat: Regina Eisele
Assistenz: Claudia Schwarzmaier
Druck und Bindung: Printfinder

ISBN 978-3-9815402-5-3

Bibliografische Informationen der Deutschen Bibliothek:
Die Deutsche Bibliothek verzeichnet diese Publikation in der Deutschen Nationalbibliografie. Detaillierte bibliografische Daten sind im Internet über http://dnb.ddb.de abrufbar.

# Inhaltsverzeichnis

*„Jede Mutter hat Anspruch auf den Schutz und die Fürsorge der Gemeinschaft.“*

Artikel 6 Grundgesetz, Absatz 4

# Vorwort

Und Du bist auch wegen der Kinder zuhause geblieben? Eine harmlose Frage, gestellt in einer Runde von Frauen, alles Mütter, die sich der Familienarbeit widmen, fast alle mit guter Ausbildung, manche alleinerziehend, unterschiedlich im Alter. Die Gastgeberin hat Geburtstag, draußen spielen besagte Kinder. Eine Idylle? Es ist plötzlich sehr still im Raum. Was hat die Frage angerührt? Wir beginnen zu erzählen, dann zu diskutieren. Leidenschaft und Empörung stehen im Raum – über die Verstaatlichung der Kindheit, dass wir uns verkauft vorkommen von einer Gesellschaft, der die Mütterlichkeit verloren geht, dass uns überall eingeredet wird, die Institutionalisierung der Erziehung sei zum Wohle des Kindes und ohnehin zum Wohle der Mütter – wir reden und reden....Bis eine sagt: Das darf man doch gar nicht laut sagen! Doch, sagt da entschlossen eine andere, im Gegenteil! Wir sollten ein Buch daraus machen.

Gesagt – getan. Wir entwerfen eine Webseite, nennen unsere Initiative „kulturtat familie", drucken Flyer, verteilen sie. Wir rufen Mütter dazu auf, ihre ganz persönlichen Erfahrungen zu schildern. Wir ermutigen sie, das ganz Eigene in ihrer Entscheidung für das Muttersein sichtbar zu machen, das, was sie wahrhaft inspiriert hat in ihrer Verantwortung sich selbst und ihrem Kind gegenüber. Es entstehen 21 lebendige, humorvolle, berührende aber auch bissige Berichte – ein bunter Strauß von Stimmen, der Frauen eine Öffentlichkeit verleiht. Frauen, die sich jenseits eines tradierten oder modernen Rollenverständnisses für eine Aufgabe entschieden haben, die Ihnen sinnvoll erscheint: DA-SEIN.

Die Gründe, warum sich Frauen für individuelle Familienarbeit entschieden haben, sind so vielfältig wie die Frauen selbst. Sie reichen von Erinnerungen an die eigene Kindheit bis hin zu Fragen der Selbstverwirklichung. Aber die Berichte erzählen auch von Widerständen – gesellschaftlichen und politischen, von Auseinandersetzungen mit der gegenwärtigen materiellen Wertehierarchie und der Schnelllebigkeit sozialer und rechtlicher Rahmenbedingungen, denen sich Mütter und Familien heute oft ausgeliefert fühlen. Einsamkeit, Erschöpfung und Angst vor ökonomischem Ruin sind die Folgen. Doch das Staunen und die tiefe Freude am Muttersein bleiben der leuchtende Boden in vielen Berichten.

Kalte Statistiken können uns dies nicht nahe bringen oder immer das Gegenteil beweisen. Erfahrungen sind lebendig. Wir wollen hinsehen und verstehen, ohne die Wunden und Brüche unserer modernen Biographien zu ignorieren. Und wir wollen Raum geben, auch über die zarten Glücksmomente des Mutterseins zu schreiben. Der Schwerpunkt unseres Buches liegt daher auf der biographischen Erzählform. Wissenschaftliche Berichte zur Frauen- und Familienfrage gibt es wie Sand am Meer, sachlich, analytisch, mehr oder weniger seriös und zielgruppengerecht. Es gibt aber weder eine Lobby noch eine Anhörung von Frauen, die ganz konkret im Alltag ihres Mutterseins mit der Absurdität einer Gesellschaft umgehen müssen, die letztendlich Familienarbeit nur als Verzicht definiert.

Ja, wir wollen die Frauen selbst sprechen lassen. Nicht vertreten von politisch-korrekten Frauenrechtlerinnen oder professionellen Politikerinnen, die ein einseitiges Frauenbild vorgeben, das einem frei gewählten Lebensweg jeden finanziellen und geistigen Atem nimmt; sondern Frauen, die in ihrer unmittelbaren Nähe zu Kindern Bindung und Mutterliebe als wesentliches Bedürfnis eines Kindes ohne Scham aussprechen dürfen. Dazu gehört auch der persönliche Schreibstil der Frauen als Ausdruck der Vielschichtigkeit ihres Erlebens. In dieser Form können die Berichte uns eine Welt nahebringen, in der das Ringen um freie Entscheidungen Teil einer individuellen Entwicklung ist, in der wir uns unserer Verantwortung als Mensch zunehmend stellen. Gesellschaft und Politik werden dem Rechnung tragen müssen.

Dieses Buch will keiner Mutter, die gerne erwerbstätig ist und – durch welche glücklichen Umstände auch immer – ihre Kinder gut versorgt weiß, von anderem überzeugen. Wir sind weder Richter noch Ratgeber. Nur aufmerksam wollen wir machen auf die gegenwärtigen Entwicklungen, die die Selbstverwirklichung von Frauen unmerklich in Selbstausbeutung verkehren. Denn, ob erwerbstätig oder nicht, es sind noch immer meist die Frauen, die die unbezahlte Familienarbeit leisten. Der Wert ihrer Arbeit bleibt gesellschaftlich und politisch unerwähnt und ungewürdigt. In diesem Zusammenhang sind auch die eingestreuten Informationen und Hinweise zu verstehen, die sich aus den in den Berichten angesprochenen Themen ergeben. Die Komplexität der Frage des Mutterseins in unserer Gesellschaft kann damit jedoch nur angedeutet werden. Weitere Aspekte finden sich im Nachwort.

Schweren Herzens haben wir die Väter in unserem Buch ausgelassen. Denn es gibt sie, die neuen Väter, denen Familienfürsorge ein echtes Anliegen ist. Auch sie sind gefangen in finanziellen und beruflichen Zwängen, wenn sie den Wunsch äußern, für ihre Kinder eine Zeitlang da sein zu wollen. Doch von ihnen wird andernorts schon anerkennend geschrieben. Bringen sie doch Neues in die Welt. Während Frauen von Frauen für ihr Frausein bekämpft werden. Denn die Tatsache, dass Muttersein ein Teil der weiblichen Individuation sein kann, müssen wir erst sehen lernen. Insofern erzählt unser Buch vom Muttersein als einer erfüllenden Lebensform, als einer freien Entscheidung, die jenseits der Kämpfe des Feminismus, nur dem eigenen Gewissen verpflichtet ist. In Zeiten zunehmender Individualisierung brauchen wir vor allem ein waches Bewusstsein für die Authentizität des jeweils eigenen Lebensweges.

Deshalb geht es in unserem Buch auch um die Würdigung der „Mutter" – ein Begriff, der mancher Ideologisierung anheimgefallen ist, der aber in seiner eigentlichen Tiefe und Andacht an das stille DaSein wieder freier verstanden werden darf. MutterSein scheint ein Widerspruch in sich. Eine selbstbestimmte Entscheidung, die Hingabe und Fürsorge ermöglicht. Angesichts der benannten Widerstände und der Ökonomisierung der sozialen Aufgaben braucht es heute dazu einen besonderen Mut.

Sabine Mänken Bettina Hellebrand Gabriele Abel

## Danksagung

Ohne unsere Autorinnen gäbe es dieses Buch nicht. Unser Dank und unsere Wertschätzung gehen an erster Stelle an sie. Sie haben uns ihre Erfahrungen anvertraut und für die Öffentlichkeit freigegeben. Wir hoffen von Herzen, dass auch sie im Beschreiben, Ordnen und Erkennen der Motive ihres Mutterseins eine Bereicherung erfahren durften.

Ein ganz besonderer Dank gilt unserer Verlegerin, die mit Einfühlsamkeit und Geduld unser Projekt begleitet und gefördert hat. Auch die vielen Gespräche mit Freunden und Familie dürfen an dieser Stelle nicht unerwähnt bleiben. Sie haben Rückhalt und Klarheit ermöglicht und durch ihre Anregungen den Fortgang des Buches mitgetragen.

Sabine Mänken Bettina Hellebrand Gabriele Abel

# Gedanken

Schreib was zum Thema: Die Mutter.
Ja – dann schreib mal was...
Die Mutter: Meine Mutter?
Deine Mutter?
Ich als Mutter?
Die Mutterrolle in der Gesellschaft?
Zeitgeist?
Nein! Ewig, immer!
Nichts geht ohne die Mutter!
Nichts ist ohne die Mutter.
Mutter Erde.
Warum ignoriert – ja sanktioniert diese – unsere – Gesellschaft Muttersein?
Ohne Mütter wä(h)rt ihr alle nicht!
Angst?

Ihr alten, verkappten 68-er! Grenzt euch immer noch ab, degradiert eure Mütter und verweigert die eigene Elternschaft. Immer noch jugendlich, pubertär und antiautoritär. Und merkt gar nicht, dass andere Autoritäten euch längst an der Leine führen. Märkte – Globalisierung – Flexibilisierung. Der perfekte Arbeitnehmer!

Alle stolz.....
auf ihre Karriere,
aufs Haus, aufs Auto
und auf die scheinbare Freiheit.
Nennt ihr das etwa Selbstverwirklichung?
Die Firma ist eure Mutter!
Und Freud? Ödipus? Der Komplex der Männer und die Unterdrückung der mächtigen Frau?
Fragen über Fragen.
Antworten?
Alle auf der Suche nach neuen Rollen.

Alle auf der Suche nach sich selbst.
Und was schreibe ich jetzt?

Ich wollte übrigens nie Mutter werden. Nun habe ich sechs Kinder und bin Hausfrau. Habe ich also meine Ziele – ja mich selbst – verraten?
*Oder habe ich mich – zufällig – selbst gefunden?*

*(Anna G.,48 Jahre, sechs Kinder)*

# Sorge, Fürsorge und Selbstfürsorge

*Esther M. (44 Jahre, zwei Kinder) hat für ihre Kinder einen gut dotierten Beruf als Akademikerin aufgegeben, um von zuhause aus arbeiten zu können. Nach einer Trennung steht sie vor der Herausforderung, sich als geringverdienende Alleinerziehende neu zu definieren. Mit Mut und Kreativität gelingt es ihr, dem Reichtum an Beziehungen in ihrem sozialen Umfeld Raum zu geben.*

Doch! Ich habe eine Familie, eine wunderbare sogar: jene Menschen, die mir am nächsten sind, die meinen Alltag begleiten, die meine Sorgen kennen, die mich unterstützen, wenn ich in Not gerate, die meine Kinder begleiten und ihnen zur Seite stehen. Diese Menschen leben alle in meinem Herzen, aber nicht an meiner Seite. Sie haben ihre eigenen Wohnungen, ihre eigenen Kinder, ihr eigenes Leben. Manche von ihnen wohnen weit weg. Manche haben Karriere gemacht, die meisten von ihnen sind selbst Mütter wie ich, berufstätige Mütter, aber auch berufstätige Väter, manche leben – wie ich – allein mit ihren Kindern.

Meine Familie: Das sind die Menschen, die mir das Gefühl geben, es ist gut, dieses Leben zu leben, so zu leben, wie es mir möglich ist, so zu leben, wie es sich entschieden hat. Diese Beziehungen geben meinem Familienleben ein sicheres Fundament, ein Fundament, das der Staat mit seinem Modell von Ehe, seinem Scheidungs- und Steuerrecht nicht hat bieten können, nicht bieten kann.

Ich möchte nichts missen, von dem, was ich habe. Ich möchte keine Entscheidung, die ich getroffen habe, rückgängig machen. Ich bin froh, nicht mehr eine über Hunderte von Kilometern pendelnde Hochschulangestellte zu sein, die die Hälfte ihres Gehaltes für Kinderbetreuung und Fahrtkosten ausgibt, jeden Abend am Schreibtisch sitzt, weder für ihren Job noch für die Kinder noch für sich selbst genügend Zeit hat – eigentlich permanent gar keine Zeit hat. Die mit einem inflationären Schlaf- und Zeitmangelsyndrom durch das Leben schlittert, immer auf der Suche nach etwas „Quality-Time“ für die Kinder und mit einem Stapel Eherettungsratgebern neben dem Kopfkissen.

Meinen „Job“ habe ich mit dem zweiten Kind aufgegeben (nicht jedoch meinen Beruf) – eine Entscheidung für einen inneren Entwicklungsprozess, der letztlich zum Scheitern meiner Ehe geführt hat. Weil es plötzlich nicht mehr um Vereinbarkeitsleistungen ging, sondern um lebendige Bedürfnisse: um Nähe, Präsenz, nährende Beziehungen. Dafür fehlte die Kommunikationsgrundlage, die Beziehungsgrundlage. Eine Geschichte, wie sie sich täglich ereignet. Ich bin froh, mich von einem Mann getrennt zu haben, der bereit war, seiner Karriere jedes Frühstück und jedes Abendessen zu opfern und jeden Raum für Begegnung.

Es macht mir nichts aus, meine Kleider in einem Second-Hand-Shop oder bei Ebay zu kaufen, meine Wohnzimmergarnitur auf dem Sperrmüll zusammenzuklauben und mir keine neue Spülmaschine kaufen zu können, wenn die alte kaputt ist. (Sie wissen möglicherweise gar nicht, wie gut man in unserer Konsumgesellschaft von dem leben kann, was andere wegwerfen). Es macht mir nichts aus, kein Auto zu haben. Not macht erfinderisch, und das macht oft richtig Spaß. Vor allem, da ich damit nicht alleine bin. Nach vielen Jahren, in denen ich darum gekämpft habe, mir und meinen Kindern ein neues Leben aufzubauen, weiß ich, dass ich gewonnen habe. Was – werden Sie denken?

Es ist für mich das Wertvollste: Ich habe an Beziehung gewonnen. Um ein Vielfaches. An Beziehung zu meinen Kindern, an Beziehung zu anderen Menschen, an Beziehung zu mir selbst und an Beziehung zu dem Leiden dieser Welt, an dem gemessen all unsere Probleme Luxusprobleme sind.

„Du wirst immer ein Dach über dem Kopf haben", sagte mir eine Freundin, als ich Angst hatte, die Miete nicht mehr bezahlen zu können. „Du kannst die Küche renovieren, wenn die Kinder ausgezogen sind", sagte mir eine andere Freundin, als ich nach meinem Umzug darüber stöhnte, dafür keine Zeit zu finden. Beide haben sie Recht. Mit den Kindern zusammen zu sein ist wichtiger, als eine Küche zu renovieren. Es ist den Kindern egal, ob die Küche glänzt oder nicht, solange der Herd funktioniert. Was ihnen nicht egal ist, ist der Kontakt zu ihren engen Bezugspersonen. Sie brauchen Zuwendung, Ansprache, Angriffsfläche, Vorbilder, Auseinandersetzung. Sie brauchen Zeit, ihren eigenen Herzschlag zu hören und den unseren. Und wir brauchen das auch. Eine gute Selbstbeziehung ist der Nährboden für alles Weitere.

In meinem Haus-Kinder-Unikarriere-Alltag aber war genau dafür keine Zeit. Jetzt, als alleinerziehende Freiberuflerin mit zwei Kindern, habe ich mir diese Zeit genommen. Ich habe für mich genau die Qualitäten entwickelt, die in der nördlichen Hemisphäre unseres Planeten nahezu vom Aussterben bedroht sind, Qualitäten mütterlicher Fürsorge, auf mich selbst angewendet: Selbstfürsorge. Ich bin davon überzeugt, dass es genau das ist, was meine Kinder am meisten brauchen, da ich ihnen nur so mit innerer Ruhe, aufnahmebereit und zugewandt gegenübertreten kann. Je reichhaltiger meine Selbstbeziehung, umso besser kann ich ihnen so zur Verfügung stehen, wie sie mich brauchen, und für das sorgen, was sie brauchen. Und genau das liegt mir am Herzen.

Es wurde mir nicht in den Schoß gelegt. Ich habe dafür gekämpft. In meiner Herkunftsfamilie gab es festgelegte Rollen, einen funktionierenden Alltag und wenig Raum für individuelle Begegnung und Beziehungsgestaltung. Es war immer jemand da und selten war jemand ansprechbar. Ordnung und innere Distanz, wenn nicht Fremdheit, bestimmten den Familienalltag. Vielleicht kennen Sie das. Und auch in den Zeiten, in denen ich versuchte, Karriere, Kinder und Haus zu vereinbaren, war wenig Raum, das Potenzial zu entfalten, das in den Lebensgemeinschaften, die sich Familie nennen, schlummert: Den Reichtum an Beziehungen zum Blühen zu bringen. Wenn sich mir meine Kinder beim Abholen vom Kindergarten in die Arme warfen, fühlte ich mich, als hätte ich einarmig einen Berggipfel erklommen. Nichts von dem, was ich im Leben erreicht habe, erfüllt mich mit mehr Glück als die Erfahrung, zu meinen Kindern sichere, liebevolle, wandelbare Beziehungen unterhalten zu können, die von Dauer sind.

Mittlerweile arbeite ich die meiste Zeit freiberuflich von zu Hause aus. Das gibt mir Gelegenheit, mit meinen Kindern in intensivem Kontakt zu sein. Ich bin da, wenn meine Kinder aus der Schule kommen, ich kann sie in Empfang nehmen und begleiten. Auch jetzt noch, wenn sie älter werden. Nach der vierten Klasse gibt es keine adäquate Nachmittagsbetreuung, außer vielleicht in den Rechentabellen des Kultusministeriums. Leider denkt niemand darüber nach, was das bedeutet, und wie kurzsichtig hier kalkuliert wird: Denn diese Erfahrungen von Einsamkeit und innerer Strukturlosigkeit werden die jetzigen Heranwachsenden mitunter bis zur Schnabeltasse beschäftigen und eines Tages mit Sicherheit viel Geld kosten.

Ich bin gern zu Hause. Ich kann um halb acht mit der Arbeit beginnen und habe am Nachmittag immer etwas Zeit, auf unterschiedlichste Bedürfnisse einzugehen – seien es meine eigenen oder die der Kinder. Es ist mir wichtig, dass meine Kinder die Möglichkeit haben, dann die Schritte in die Selbständigkeit zu gehen, wenn sie selbst dazu bereit sind und nicht, wenn wir oder die Gesellschaftspolitik es von ihnen verlangen. Wir nehmen die Kinder bei uns auf, um sie gehen zu lassen. Es ist wie das Atmen. Wenn Sie keine Zeit zum Atemholen haben, können Sie auch nicht ausatmen, und das, was Sie am Leben hält, bricht zusammen. Es gibt keine Autonomie ohne Bindung. Die Erfahrung einer sicheren Bindung in frühen Jahren ist das Fundament für alles Weitere. Das wissen wir schon lange. Beziehungsbedürfnisse aber unterliegen in unserer Gesellschaft nicht selten der Isolationshaft. Eine Flut von Ratgebern und Psychologen verdeutlichen, wie verzweifelt die meisten Menschen versuchen, in Kontakt mit ihren Bedürfnissen zu kommen, um mehr Zufriedenheit zu erlangen.

Wie tief die Verleugnung von Beziehungsbedürfnissen und Bindungen ist, zeigte sich mir in den Anfangsjahren meiner Elternschaft in einem begleiteten Krisengespräch mit meinem damaligen Mann: „Wir sind aufeinander angewiesen", sagte ich, „Du bist momentan darauf angewiesen, dass ich meine Zeit und Fürsorge vorrangig den Kindern widme, ich darauf, dass Du Deine Zeit und Arbeitskraft vorrangig dem Lohnerwerb widmest." „Das wollen wir doch mal sehen", so die raue Antwort, „Betreuung kann man auch kaufen." Finanzielles Potenzial bedeutet offenkundig: Ich bin auf Kooperation nicht angewiesen. So einfach ist das.

Das ist nicht unbedingt eine geschlechtsspezifische Haltung, aber eine aktuelle Tendenz von großer Bedeutung: Mütterlichkeit wird zu einer bloßen Funktion erklärt, die austauschbar und käuflich ist. Aufmerksam wahrzunehmen, in welchem Ausmaß diese Art von Funktionalisierung in den persönlichen, gesellschaftlichen, politischen Beziehungen bereits umgesetzt ist, halte ich für wichtig. Ja, Mütterlichkeit hat einen ökonomischen Wert. Nein – sie ist nicht käuflich. Mütterlichkeit ist – ganz gleich, ob Männer oder Frauen sie ausüben – eine individuelle Ressource, auf die jeder einzelne Mensch am Anfang seines Lebens angewiesen war.

Tatsächlich: Es geht um Liebe. Liebevolle Hinwendung. Sie ist Voraussetzung jedweder Sorge, Fürsorge und Selbstfürsorge, ist die Grundlage unseres Zusammenlebens. Ein Mangel an Betreuungszeit lässt sich mit entsprechender Finanzkraft ausgleichen. Einen Mangel an Liebe auszugleichen – dafür braucht es mehr. Der Anfang, das wissen wir alle, ist immer schon gegeben. Er kann aber auch neu gemacht werden. An jedem einzelnen Tag.

# Jetzt sind Sie dran

*Vereinbarkeit lautet das Schlüsselwort der modernen Familienpolitik. Mariette D. (48 Jahre, zwei Kinder) ist nach der Geburt ihrer Kinder „der Familienernährer". Doch mehr und mehr muss sie erfahren, dass die Anforderungen der Arbeitswelt auf ihr Muttersein zurückwirken und ihre Beziehung zu den Kindern aushöhlen.*

Sich nicht etwas nehmen lassen!
Wünsche Ihnen trotzdem schöne Weihnachten.
Sie schaffen das schon!
Du siehst ja gut aus!
Jetzt ist sie über das Schlimmste hinweg.
Du musst Dein Leben ändern!
Denk an die Kinder.
Ich hoffe, es geht Dir den Umständen entsprechend gut.
Hast Du es schon hinter Dir?
Sie werden mit dem kosmetischen Ergebnis zufrieden sein.
Ich habe für Dich keine Zeit.
Sie sind ein zahnloser Tiger.
Ich habe für Sie gebetet.
Ja, aber...
Ich versuche doch, lieb zu sein.
Mehr weiblich geht nicht!
Du fährst ja schon Fahrrad, es geht Dir doch wieder gut...
Ich hoffe, Du erholst Dich und findest Deinen Weg für den Heilungsprozess...
Eine große Herausforderung in einer Gesellschaft, die mit Angst arbeitet und nicht mit der Schönheit und schöpferischen Heilkraft unseres Lebens.
Ich wünsche Dir Kraft und Vertrauen dafür. Gleichzeitig möchte ich Dich an die Februar Miete erinnern...

Ich liege in der Röhre, das CT läuft. Hinter meinen Lidern erscheint flüssiges lila Licht. Meine Mutter, meine Großmutter, meine Urgroßmutter sitzen um mich herum. Sie betrachten mich, mit ruhiger, steter Präsenz. Meine Tränen rinnen mir an den Schläfen in die Haare, ich habe es angenommen. Wo bin ich nur hingekommen?

Die Ahnen bilden eine Linie, ich stehe im Wipfel des alten Familienbaumes, am Ende eines Zweiges, meine Schwester ist der Zweig neben mir. Wir verästeln uns, werden immer zarter. Die Kraft der Wurzeln und des Stammes wird immer weniger. Die Geschichte, das Wesen unserer Familie, eine Einheit. Sie beginnt zu zerfallen und sich zu zerfasern, je mehr Fremdes aggressiv und ungehindert hineinwächst. Der altmodische Kram, der unseren Ureltern Rückgrat bot, war eine Welt, innerhalb der sie sich durchaus individuell spreizen konnten. Sie hat auch uns getragen. Was davon kann durch mich hindurchfließen, zu meinen Kindern gelangen, einsickern, in ihnen kreisen, sie erfüllen?

Meine Kinder: im fernsehbegeisterten Alter, verführbar, lenkbar, aufnahmefähig für plumpe Nichtigkeiten, vollgemüllt. In den Kindersammelanstalten: was für ein verwässertes, egalisiertes Weltbild bekommen sie? Wieso bin ich die Einzige, der das nicht gefällt? Wieso wird man zerredet, gleichgemacht, geschmeidig gehalten, eingeseift, reingewaschen – was auch immer.

Ich hätte genauer hinsehen sollen, bevor ich mein Leben teilte. Die einlullende Wirkung der gesellschaftlichen Verhaltensweisen, welche Zweisamkeit und Karriere propagiert, hatte mich eingeholt. Ich fand mich in einer oberflächlichen Ehe wieder ohne wirkliches Interesse aneinander. Alles lief. Bis mein Sohn zur Welt kam. Nach einer Woche Klinik wieder zu Hause, nach ein paar Tagen wieder Wäschekörbe schleppen, nach einem Jahr 60 Wochenstunden Arbeit. Mein Leben bisher: ein Männerleben im Frauenkörper. Ich bin jahrelang der Familienernährer, ohne Rückendeckung durch meinen Mann. Meine Kinder sind den Gewohnheiten der angeheirateten Familie ausgeliefert, ständig im Wettlauf gegen die Zeit, ständig unter finanziellem Druck. Ich muss ständig kampfbereit sein, laut sein, aggressiv sein, hart sein, tätig bis zuletzt. Gegen meine Weiblichkeit, meine Weichheit, meine Gefühle. So kennt man mich.

Vom Zeitgeist in diese Rolle gedrängt?

Nach den monatelangen Arbeitsphasen finde ich mich zwei mir entfremdeten Kindern gegenüber, ich spüre den Geist unserer Familie nicht mehr in ihnen. Ich habe sie monatelang aus meinem Bewusstsein ausblenden müssen, um nicht daran zu denken, wieviel lieber ich mit ihnen zusammen gewesen wäre! Ich merke es, wenn wir am Tisch sitzen, bei meinen Eltern sind, zu Besuch bei Bekannten. Diese Form der Esskultur, der Gesprächskultur, die Muße zum Austausch und Erzählen verflachte in den Zeiten, in denen ich arbeitete. Die Kinder erleben diese wichtigen Zeiten nicht mehr, das ständige Hetzen durch den Alltag nimmt es ihnen. Und mir nimmt es die Nähe zu meinen Kindern....

Dazu bin ich nicht mehr bereit.

Dieses Zerteiltsein – Meine Krankheit hat mich angehalten. Heute bin ich gezeichnet. Zwei Narben quer über den Bauch, meine Brust zerschnitten, farbige Markierungen für die Bestrahlungen. Das ist außen. Und innen? Ich bin ganz unten. Aber etwas ganz Neues beginnt gerade: Ich fange an, Wünsche zu formulieren.

Für mich und meine Kinder.

## Vereinbarkeit um jeden Preis?

Ein aktuelles Buch, das die Entwicklung der Vereinbarkeitsdebatte kritisch beleuchtet, ist: „Die Alles-ist-möglich-Lüge“ von Susanne Garsoffky und Britta Sembach. Die beiden Journalistinnen stellen hier ihren eigenen Lebensentwurf der vollerwerbstätigen Mutter in Frage. Basierend auf zahlreichen Recherchen kommen sie zu dem Ergebnis: „Familie und Beruf ... diese Addition hat ihren Preis ... über diesen Preis redet aber niemand.“

Zu den fünf Lügen, die sie im Laufe des Buches aufdecken, gehört u.a. die These, dass „alles nur eine Frage der Organisation“ sei. Das Bild, nach dem moderne Familien leben, steht aber oft den wirklichen Bedürfnissen von Kindern und Eltern entgegen. Wer sich nicht „zu Tode organisieren“ will, sollte umdenken lernen. Am Ende des Buches zeigen die Autorinnen Ideen auf, wie sie sich eine Lösung dieses Konfliktes vorstellen.

# Ressourcenverschwendung

*Hochmotiviert hat Maike K. (57 Jahre, vier Kinder, sechs Enkel) ihr Medizinstudium absolviert und sich dann als approbierte Ärztin bewusst für die Familienarbeit entschieden. Jetzt sind die Kinder groß und die Zeit für eine Berufsbiographie abgelaufen. In den Augen vieler ihrer Bekannten hat Maike K. ihre Ressourcen verschwendet.*

Meine Jugendzeit fiel in die 70er Jahre. Konfrontiert mit den Ideen der Frauenemanzipation, sozialer Gerechtigkeit und moralischer Freiheit bin ich in einem liberalen, diskussionsfreudigen Elternhaus aufgewachsen. Nach der Schule verlief alles so, wie es sich aus diesen Zusammenhängen kommend, logisch ergeben musste: Mit 18 Jahren verließ ich meine Heimatstadt um Medizin zu studieren. Neben dem naturwissenschaftlichen Interesse an den Funktionen des menschlichen Körpers und den Lebensvorgängen, war ein Hauptmotiv für die Wahl dieses Studienganges die Vorstellung, andere Menschen in Krisensituationen unterstützen und begleiten zu können. Hochmotiviert und fleißig begann ich mein Studium, ich traf auf neue Freunde, das Leben war spannend und interessant. Mit 21 Jahren lernte ich meinen späteren Ehemann kennen, der damals auch noch Student war und gemeinsam setzten wir uns mit alternativen Sichtweisen und Heilmethoden auseinander.

Es kam wie es kommen wollte, ich wurde schwanger, mitten im Studium, mitten im Leben, zunächst ein Schock! Doch ich bekam Zuspruch und Unterstützung von meinem Mann und meinen Schwiegereltern, die vor Ort wohnten, und es begann eine wunderbare Zeit. Noch nicht in feste Strukturen eingespannt, unkonventionell und mit wenig Geld gelang der Spagat, gleichzeitig Mutter und Studentin zu sein, so dass ich mit 25 Jahren approbierte Ärztin und Mutter von inzwischen 2 kleinen Kindern war. So hatte ich es mir vorgestellt, ich fühlte mich stark und kompetent!

Es folgte ein Umzug in ein anderes Bundesland, mein Mann hatte eine Arbeitsstelle nach seinen Vorstellungen gefunden. Schnell bekam er eine verantwortliche Position mit einem guten Verdienst. Wir entschieden gemeinsam für unsere Familie eine Arbeitsteilung, er sorgte für den Lebensunterhalt und ich hauptsächlich für die Familie, für die Kinder, Haus und Hof. Ich habe diese Aufgabe damals bewusst übernommen, es war eine regelrechte Herausforderung für mich ohne die übliche

Bestätigung und Anerkennung auszukommen, aber ich wollte meinen Kindern eine schöne Kindheit als Basis für ihr Leben ermöglichen. Wenn, dann richtig, wir bekamen noch zwei Kinder, insgesamt vier Mädchen innerhalb von sieben Jahren, auf den Tag genau.

Es begann eine spannende, aufregende Zeit mit den vielfältigsten Aufgaben. Neben den üblichen Tätigkeiten wie Kochen, Waschen, Aufräumen usw. lernte ich – ein Stadtkind – Gartenarbeit und Tierpflege. Wir hatten bald neben Hund und Katzen, Gänse, Hühner und Kaninchen. Ich organisierte unser Zusammenleben und gestaltete das soziale Miteinander unter Berücksichtigung der unterschiedlichsten Bedürfnisse und Temperamente. Ich war Streitschlichter, Richter und Seelsorger zugleich. Wenn die Kinder krank waren, behandelte und pflegte ich sie nach bestem Wissen. Abends fiel ich erschöpft, aber erfüllt ins Bett. In der Schulzeit kamen neue Aufgaben hinzu, neben unendlichen Chauffeurdiensten zu jeder Tag- und Nachtzeit wurde die individuelle Hausaufgabenbetreuung unserer lese- und rechtschreibschwachen Kinder ein großes Thema, was viel pädagogisches Feingefühl erforderte.

Mein Mann sorgte gut für den finanziellen Rahmen, wir hatten keine Geldnöte, wodurch ich die Freiheit hatte, mich meiner Aufgabe in der Familie zu widmen. Als das jüngste Kind 7 Jahre alt war, begann ich, zunächst ehrenamtlich, an der Schule meiner Kinder tätig zu werden. Im Therapie- und Förderbereich konnte ich stundenweise meine Erfahrungen und Fähigkeiten einbringen, indem ich mich um Kinder kümmerte, die Schwierigkeiten in der Schule hatten. Es wurde eine feste, halbe Stelle daraus, die ich bis heute engagiert und gerne ausfülle. Meine Aufgabe in der Familie sah ich aber immer noch als sehr wichtig an. Diese Aufgabe änderte sich in dem Maße, wie die Kinder selbstständiger wurden. Nicht mehr das ständige aktive Versorgen stand im Vordergrund, eher eine waches Interesse und ein offenes Ohr für die Erlebnisse und Gedanken der Jugendlichen. So durchschifften wir gemeinsam alle Höhen und Tiefen der Pubertät. Die Kinder gingen aus dem Haus zum Studium, mir blieb das Aufräumen und Umgestalten der „Kinderzimmer" und damit verbunden die Auseinandersetzung mit der Trauer um das Ende einer wichtigen Lebensphase und der Suche nach einer zukünftigen Aufgabe.

Ich hatte mich während meiner Familienarbeitszeit wenig um Zusatzqualifikationen bemüht und merkte nun, dass mir meine Approbation allein wenig nützte, um als Ärztin arbeiten zu können. In meinem ärztlichen Freundeskreis war ich umgeben von hochengagierten, gut ausgebildeten, zum Teil viel jüngeren KollegInnen und merkte, dass ich deren fachliches Wissen und deren berufliche Erfahrung nie mehr würde erreichen können. Aber was hatte ich dann zu bieten? Das rührte an eine alte, sehr tiefe Wunde: Wo war die junge Frau geblieben, die voller Elan und mit viel Engagement ihr Medizinstudium absolviert hatte? Was hatte sie aus ihrem Leben gemacht? Im Vergleich hatte ich nichts vorzuweisen. Ich hatte in den Augen vieler meiner Bekannten meine Ressourcen verschwendet! Aber dann schaue ich auf meine Kinder. Sie haben inzwischen zum Teil eigene Familien mit Kindern. Sie sind selbstständig, aber suchen immer noch meinen Rat, wenn es um Kinderkrankheiten oder Erziehungsprobleme geht.

Ich weiß jetzt, dass ich meine Ressourcen genutzt habe und sie immer noch nutzen werde. Nur anders, als ich mir dies als junge Frau gedacht habe. Auch bei meiner Arbeit in der Schule geht es oft um diese Erfahrungskompetenzen, die ich einbringen kann, die oft einen ganz besonderen Wert haben. Für diese Qualifikation gibt es kein Zertifikat und kein Honorar, ja, nicht einmal Anerkennung. Sie wird als selbstverständlich angesehen. Wie hart sie erarbeitet werden muss, sehe ich immer wieder bei jungen Eltern, die oft an ihre Grenzen kommen, vor allem wenn nicht alles optimal und von alleine läuft. Dann kommen sie in große innere Not, weil ihr durchorganisiertes Leben keine Spielräume zulässt. Rückblickend würde ich alles wieder so machen, wie ich es getan habe und ich werde meine eigenen Kinder und andere junge Eltern versuchen so zu unterstützen, dass sie ihr Leben und ihre Aufgaben so meistern können, wie sie es für richtig halten.

Das sind meine Fähigkeiten und Ressourcen!

## Welchen Arbeitsbegriff haben wir?

Machen wir uns bewusst, dass der Begriff „Arbeit", so wie wir ihn heute verwenden, ein historisch gesehen junger ist und vor allem „Erwerbsarbeit" meint. Keine Frau, die Erziehungs- und Familienarbeit geleistet hat, wird allerdings behaupten, sie habe nicht sinnvoll gearbeitet, auch wenn sie in der Arbeitsmarktstatistik nicht existent ist. Im Gegenteil, sie gibt ihren Tätigkeiten Inhalte und Bewusstsein aus sich heraus und nutzt damit ihre Freiheit zur selbstbestimmten Arbeit.

Der Trend ist aber ein anderer: In der unbemerkten Ausweitung der ökonomisierten Strukturen weltweit fällt nämlich gar nicht auf, wie sehr wir unseren menschlichen Wert und unsere Entscheidungen bereits von der Erwerbsarbeit abhängig machen. Zeit zu haben für sinnvolles freies Tun wird immer schwieriger. Die Folgen dieser einseitig materiellen Entwicklung werden sehr anschaulich und kritisch in dem Artikel „Arbeit zwischen Idealisierung und Repression" dargestellt. Er ist Teil eines umfassenderen Projektes der Stiftung Fraueninitiative aus Köln, das sich mit dem wirtschaftlichen, sozialen und emanzipatorischen Potenzial unbezahlter Arbeit auseinandersetzt, die nach wie vor in hohem Ausmaß von Frauen geleistet wird.

www.unbezahltarbeiten.wordpress.com/
www.stiftung-fraueninitiative.de

# Beruf Mutter – eine Kulturtat?

*Pascale M. (51 Jahre, fünf Kinder) stellt sich die Frage, warum es keine Ausbildung für das Elternsein gibt. Als Mutter von fünf Kindern ist sie der Meinung, dass es sich bei dieser Aufgabe um eine anspruchsvolle Arbeit handelt, die waches Bewusstsein fordert. Sie hat den Beruf Mutter daher bei einer Schul-Projektwoche vorgestellt und im Gespräch mit den Schülern interessante Erfahrungen gesammelt.*

Als vor einigen Jahren Eltern an unserer Schule Projekttage zum Thema Beruf organisierten, bekam ich Lust, den Beruf „Hausfrau und Mutter" den Schülern der Oberstufe vorzustellen. Bei meiner Vorbereitung habe ich mich damals von folgenden Gedanken leiten lassen: Für viele wichtige Lebensfragen gibt es keine Ausbildung. So kommt z.B. das Thema Erziehung oder Beziehungskunde nicht im Lehrplan vor. Viele der Schüler werden sich aber eines Tages in der Rolle der Mutter bzw. des Vaters wiederfinden und Familien gründen. Durch meine Erfahrungen als Mutter von fünf Kindern ist es mir immer deutlicher geworden, dass ich das Mutter- und Vatersein als Beruf betrachten möchte. Für das komplexe Thema der Erziehung müssen Schüler aber erst sensibilisiert werden. Dann kann man für diesen Beruf vielleicht vorbereitend wirken.

Ich möchte im Folgenden schildern, wie ich damals bei der Projektwoche vorgegangen bin, ohne dabei den Anspruch zu erheben, dass meine Vorgehensweise Allgemeingültigkeit hat. Im Nachhinein wird mir klar, wie wichtig es auch für mich war, meinen Mutterberuf damals reflektieren zu dürfen. Zunächst einmal habe ich mich mit einer Kurzbiographie den Schülern vorgestellt:

Unsere erste Tochter war gesund bei der Geburt, erkrankte dann aber schwer an einer Gehirnhautentzündung. Infolge dieser Meningitis war sie schwerbehindert und starb mit sechs Jahren. Diese ersten sechs Jahre waren schwer für uns. Durch die Geburt unserer Zwillingsbuben wurde das gesamte Leben noch komplexer, und ich war in meinem „Beruf" voll und ganz gefordert. Zum Glück konnten mein Mann und ich uns durch Au-Pair-Kräfte soweit unterstützen lassen, dass ein einigermaßen entspanntes Familienleben möglich wurde. Später bekamen wir noch einen

Buben und zuletzt ein Töchterchen, was uns sehr glücklich machte. Nach meiner Kurzvorstellung habe ich den Schülern eine Reihe von Fragen gestellt, um gemeinsam Vorstellungen und Rollenbilder zu klären.

Meine erste Frage lautete: „Was, glauben Sie, macht eine gute Mutter aus?" Dabei nannten die Schüler interessanterweise weniger innere Qualitäten (wie z.B. Geduld, Einfühlungsvermögen), sondern eher eine Reihe äußerer Voraussetzungen: ausreichende finanzielle Mittel, eine abgeschlossene Ausbildung beider Partner. Ich fügte hinzu, dass eine weitere günstige Voraussetzung für eine gelingende Mutterschaft das Pflegen der eigenen Kreativität sein kann (z.B. Singen, Tanzen und Lesen als Quelle für seelische Nahrung) und last but not least: hauswirtschaftliche Fähigkeiten und Kenntnisse wie Kochen, Bügeln, ökonomische Planung ...Bei der Frage nach der Aufgabe des Vaters wurde aus der Sicht der Schüler vor allem das Sichern der entstehenden Kosten durch die Arbeit des Vaters als selbstverständlich vorausgesetzt. Die Vorstellung, dass Väter auch Erziehungsaufgaben übernehmen können, war diesen Schülern noch kaum ins Bewusstsein gedrungen.

Ich wagte mich in meiner Darstellung sogar an ganz existentielle Aspekte des Mutterseins heran. So auch an die Frage nach dem Geburtserlebnis, das wie die Bewegung des Meeres bis zum Orkan oder als ein Ritt durch den Kosmos erlebt werden kann. Auch wie prägend der Ablauf der Geburt für die Bindung zwischen Mutter und Kind sein kann, versuchte ich, anknüpfend an eigenen Erfahrungen, den Schülern zu verdeutlichen. Ich scheute mich dabei nicht zu schildern, welches Bild ich von einem frisch geborenen Kind in mir trage: Ein Kind ist für mich sichtbar gewordene Liebe, ein wahres Gottesgeschenk. So ein kleiner Mensch trägt in sich die Botschaft: Die Welt ist gut. Die frisch gebackenen Eltern werden herausgefordert, einen Lebensentwurf zu entwickeln, der dieser Botschaft entspricht. Bringt nicht jedes Kind ein Rätsel mit, das lautet: wer bin ich? Wir Eltern dürfen ihm helfen, eine Antwort darauf zu finden.

Dann fragte ich: „Stellen Sie sich vor, Sie haben ein Kind bekommen, was braucht das Kind, was braucht die Mutter?" Die Schüler nannten so wichtige Dinge wie Schutz, Wärme, Muttermilch. Wie wichtig die Muttermilch wirklich ist, war aber keinesfalls bekannt. Ich brachte also konkrete Beispiele, wie z.B. dass das Stillen die Immunabwehr des Säuglings stärkt und gleichzeitig zur Rückbildung der Gebärmutter der Stillenden beiträgt. Ich erzählte ihnen, dass mir ein Kinderarzt einmal erklärte, dass das Stillen die Entwicklung und den Aufbau des Darms des

Säuglings stärkt. Auch die Vorstellung, dass das Saugen des Kindes an der Brust der Mutter seine Eigenaktivität anregt, war ein neuer Gedanke für die Schüler.

Dann fragte ich sie, was ihnen konkret zum Thema „Erziehung" einfällt. Da kamen Wortmeldungen wie Kinder richtig anziehen und ernähren, Böden wischen, Nase putzen... Ich ergänzte, Erziehung heißt auch, Räume zu schaffen, Feste zu gestalten, Rituale pflegen, lernen, der eigenen Intuition zu folgen. Kinder wollen auch seelisch satt werden, z.B. durch Märchen-Erzählen. Und sie wollen spielen! Wenn Kinder mit ihren Geschwistern in eine Kinderwelt eintauchen können und ihnen ausreichend Zeit bleibt im Spiel zu versinken, üben sie wie nebenbei ihre eigenen Fertigkeiten und Fähigkeiten für ihr zukünftiges Leben. Wie oft haben wir das bei unseren Kindern beobachtet.

Ein weiteres, für mich ganz wesentliches Motiv meiner Darstellung war der Gedanke „Erziehung ist Selbsterziehung". Denn Kinder lernen von dem, was ihnen vorgelebt wird. Sie beobachten uns genau. Kinder mögen es nicht, wenn sich unterwegs die Konditionen ändern. Sie brauchen verlässliche Regeln und Vorbilder. Ich machte mit den Schülern noch einen kurzen Exkurs in die Geschichte der Erziehungsstile des letzten Jahrhunderts, um ihnen zu verdeutlichen, dass sich gerade im letzten Jahrhundert in der Erziehung viele Fragen aufgetan haben: Der autoritären Stil, der noch in den 50er Jahren vorherrschte, wurde durch den antiautoritären Stil abgelöst, bis sich in den 90er Jahren dann der Stil herausbildete, der „autoritativ" genannt wird und der noch heute als maßgebend gilt: Eltern geben einen Rahmen vor und setzen Regeln, an die sich beide Seiten halten. Die Eltern übernehmen die Führung und üben ihr Einfühlungsvermögen, da ihnen die Sichtweise und die Bedürfnisse der Kinder wichtig sind.

Fazit: Mir ist völlig klar, dass ich in dieser kurzen Zeit nicht alle Aspekte des Elterndaseins beleuchten konnte. Dennoch hatte ich den Eindruck, dass die Schüler von meinen Fragen zu eigenem Nachdenken angeregt wurden, sodass sie vielleicht einen anderen Blick auf ihre zukünftige Verantwortung als Eltern gewonnen haben.

Inzwischen sind meine eigenen Kinder in der Pubertät bzw. schon erwachsen, aber noch in der Schule. Das Thema Medien hat unsere Familie inzwischen erreicht. Das Spannungsfeld von Pubertät, (Coolsein-Wollen, Computer, Facebook) auf der einen, finanzieller Druck auf der anderen Seite (mein Mann hat inzwischen eine weitere verantwortungsvolle Arbeit angenommen) macht unser Familienleben oft reichlich ungemütlich. Und es ergeben sich natürlich neue Aspekte der

Erziehungs- bzw. Familienarbeit, die ich in meiner Darstellung damals nicht berücksichtigt habe.

Neulich erzählte mir ein Lehrer, dass er wegen der nächsten Berufs-Projekttage die Schüler aufgefordert habe, sich doch zu äußern, welche Berufe sie gerne kennenlernen wollen. In dieser Rangliste war der Beruf „Hausfrau und Mutter" als letzter genannt. So wenig wie dieser Beruf mittlerweile gesellschaftlich anerkannt ist, erstaunt mich dieses Ergebnis nicht sonderlich. Mit dem bewusst ergriffenen Mutter-bzw. Vatersein ist Familie, wie ich sie meine, eine sinnstiftende Kulturtat für alle Beteiligten.

## Beruf Mutter – Ausbildung für Eltern?

„Sichere Ausbildung für Eltern" (SAFE) nennt Dr. med. Karl Heinz Brisch, Bindungsexperte, ein Angebot für junge Eltern. In einer – vor und nach der Geburt – angebotenen Kursreihe und einer daran anschließenden Beratungs-Hotline wird versucht, eine sichere Bindungsentwicklung zwischen Eltern und Kind zu fördern, u.a. durch Wahrnehmungsschulung. Denn „Bindung kommt vor Bildung", so Brisch, der dem flächendeckenden Krippenausbau eher kritisch gegenübersteht.

Wer sich über das SAFE-Programm näher informieren möchte:

www.safe–programm.de

Es bieten auch andere Organisationen Weiterbildung oder Unterstützung für eine bewusste Elternschaft an. Hier eine Auswahl in Frankfurt:

www.familienbildung-in-frankfurt.de

# Geschenkte Jahre oder „Schau ma, da!"

*Als Maria S. (35 Jahre, zwei Kinder) ihr erstes Kind erwartet, plant die gelernte Lehrerin zunächst eine schnelle Rückkehr in ihren Beruf. Sie entspricht damit ganz den Vorstellungen ihres sozialen Umfeldes. Die feinen Beobachtungen, die sie dann aber an ihrem neugeborenen Kind macht, wecken in ihr den Mut zuhause zu bleiben, um ihren Kindern Zeit und Raum zur Selbstentfaltung zu geben.*

Freudestrahlend kommt mir mein kleiner Sohn entgegen. Gerade habe ich seine Schwester in den Kindergarten gebracht und bin wieder zu Hause angekommen. Er hat schon ein bisschen Zeit mit seinem Papa gehabt und ist sichtlich erfüllt davon. Nicht, weil sein Papa etwas Besonderes mit ihm gemacht hätte, sondern einfach, weil es ein neuer Tag ist, sein Papa der Größte und es schön ist, ihn mal ganz für sich alleine zu haben.

Gerade ist mein Mann im Bad, was mir unser Sohn mitteilt, indem er zum Bad läuft und auf die Tür zeigt: „Papa da!" Als mein Mann zum Schlafzimmer läuft, um sich anzuziehen, bringt er ihm schon mal vorsorglich die Schuhe. Obwohl ich Straßenschuhe im Schlafzimmer nicht so schätze, sehe ich großzügig darüber hinweg, denn ich freue mich über die Fürsorglichkeit unseres Sohnes und fast noch mehr darüber, dass er die Schuhe nicht aufs Bett gelegt hat. Ich trage die Schuhe mit ihm gemeinsam in den Flur, um ihm eine gute Stelle zu zeigen, die Schuhe bereitzustellen. Als mein Mann auf Socken den Flur entlang kommt, rennt unser Sohn ihm voraus bis zu den Schuhen und sagt immer wieder mit sichtlicher Freude „Papa, Schuhe da!". Zum Abschied wird am Fenster gewunken und dann macht mich unser Sohn mit seinem rauen Jungenstimmchen und einem aufgeregt vorschießenden Zeigefinger auf mindestens drei Autos, ein Eichhörnchen und zwei Tauben aufmerksam: „Schau ma da! schau ma da!" ruft er solange, bis ich „Ja, ein Eichhörnchen, das springt von Ast zu Ast" oder „Oh ja, da fährt ein rotes Auto die Straße entlang!" und „Ja, die Tauben haben sich erschreckt, deswegen schlagen sie so aufgeregt mit ihren Flügeln", geantwortet habe.

Vormittage wie diese und Momente, wie die eben beschriebenen, verdanke ich der Entscheidung, die ersten drei Lebensjahre unserer Kinder mit ihnen zu Hause zu bleiben. Ein Geschenk, sowohl für mich als auch für sie. Unsere Tochter ist jetzt vier, unser Sohn knapp zwei Jahre alt; seit der Geburt unserer Tochter bin ich zu Hause. Die Entscheidung drei Jahre Elternzeit voll zu nehmen war nicht von Anfang an klar und der Entscheidungsprozess nicht leicht. Von Beruf bin ich Lehrerin. Als ich schwanger wurde, beantragte ich zunächst nur ein Jahr Elternzeit und orientierte mich dabei an dem an unserer Schule üblichen Zeitmaß für Mütter, zu Hause zu bleiben, wusste jedoch auch, dass ich die Elternzeit problemlos würde verlängern können. Aus dem Freundes- und Bekanntenkreis kannte ich bis dahin nur Beispiele, dass Mütter nach spätestens eineinhalb Jahren wieder arbeiten gingen und das Kind in Betreuung gaben. Nachdem unsere Tochter geboren war, bekam ich schnell Zweifel daran, unser Kind mit einem Jahr abzugeben.

Ich hatte vor der Geburt unserer Tochter keine wirkliche Vorstellung von der physischen wie auch psychischen Abhängigkeit eines Säuglings und Kleinkindes von seinen Eltern. Doch im Laufe der ersten Tage, Wochen und Monate merkte ich, wie sehr wir als Eltern und wie sehr ich als Mutter für das dauerhafte Wohlbefinden unserer Tochter wichtig war. Unsere Tochter war von Anfang an eng begleitet durch Großeltern, Tanten und Onkel und hatte somit Kontakt zu anderen, verlässlichen Bezugspersonen neben ihren Eltern. Sie war ein fröhliches Baby, das sich neugierig und voller Entdeckungsdrang seine kleine Welt eroberte. Aber wenn sie schrie, ließ sie sich am besten durch mich oder meinen Mann beruhigen und sie suchte immer wieder meinen Blick, wenn sie bei jemand anderem auf dem Schoß saß, auch wenn sie sich bei demjenigen wohl fühlte. Ich spürte dabei deutlich, wie sehr sie sich auf meine Anwesenheit verließ. Sie lebte ihre Entdeckungsfreude in dem sicheren Wissen aus, dass ich grundsätzlich immer erreichbar war. Vor jeder kleinen Eroberung vergewisserte sie sich durch Blickkontakt, dass ich sie wahrnahm und dass sie sich trauen konnte, zu tun, was sie vorhatte.

In solchen Situationen stellte ich mir dann vor, wie diese ablaufen würden, wenn unsere Tochter in einer Krippe oder bei einer Tagesmutter wäre. Wer würde ihr diese Bestätigungen und diese Sicherheit geben können? Wer hätte in einer Gruppensituation die Zeit und diesen Blick auf mein Kind? Wen würde es so interessieren wie mich? Von wem würde sie so viel uneingeschränkte Liebe und Annahme erfahren wie bei meinem Mann und mir? Wann hätte sie die Ruhe, die sie zuhause genießen darf?

Mein Sohn verschwindet jetzt im Kinderzimmer und es ist eine Weile still. Entweder schaut er sich gerade ein Buch an oder...Ich sehe nach. Heute ist es mal die Cremetube und ihr Inhalt ist ziemlich großzügig verschmiert. Nachdem ich alles sauber gewischt und unseren Sohn umgezogen habe, widme ich mich den Vorbereitungen für das Mittagessen. Ich wasche Salat und bin dabei neuerdings in „Betreuung“: Mein Sohn holt sich ein Stühlchen aus dem Kinderzimmer, stellt es neben mich und sich darauf und möchte „schaun!“. Bald aber möchte er auch mitmachen und greift freudig ins mit Wasser gefüllte Becken um großzügig die Salatblätter ins Sieb zu schöpfen. Nachdem ich ihm ein frisches Oberteil angezogen habe (wann lerne ich endlich, daran zu denken, meinem Sohn vor seinen Mitmachaktionen die Ärmel hochzukrempeln?), muss ich nur noch den Boden vor dem Spülbecken trocken wischen...Ich erledige noch so dies und das und bekomme immer wieder Besuch von meinem Sohn. Er kommt, als er Teller klappern hört um ein wenig mitzutun beim Ausräumen der Spülmaschine. Er kommt, um mir das Bild zu zeigen, das er im Kinderzimmer gemalt hat und er kommt mit einem Spieltuch über dem Kopf und möchte beim Namen gerufen werden, damit er es sich freudig herunter ziehen und „da!“ rufen kann. Als ich mich zum Aufbruch rüste, um unsere Tochter vom Kindergarten abzuholen, geht er in den Flur, um seine Schuhe zu holen.

Seit einem dreiviertel Jahr ist unsere Tochter nun im Kindergarten und geht sehr gerne hin! Sie freut sich auch immer, wenn ihr Bruder und ich sie mittags abholen und wir zu Hause gemeinsam Mittag essen. Sie findet sich in der Kindergartengruppe gut zurecht, hat gute Freunde gefunden und ist ihrem Alter entsprechend ganz normal entwickelt in ihrer sozialen Kompetenz. Ich will das erwähnen, weil ich mich gut an meine Sorge erinnern kann, unsere Tochter könnte den sozialen Anschluss verlieren und anderen Kindern unterlegen sein, wenn sie nicht frühzeitig in einer Krippe oder bei einer Tagesmutter regelmäßig mit anderen Kindern zusammen käme. Meine Bedenken gingen so weit, dass ich während meines Entscheidungsprozesses, länger als ein Jahr mit meiner Tochter zu Hause zu bleiben, eine Krippenerzieherin diesbezüglich um ihre Meinung fragte. Sie räumte diese Bedenken zum Glück aus dem Weg. Aus heutiger Sicht kommt mir diese Frage fremd vor; damals, als Mutter eines ca. acht Monate alten ersten Kindes, war ich noch sehr verunsichert, da ich von anderen Eltern immer wieder gehört hatte, dass sie ihr Kind unter anderem deshalb mit einem Jahr in die Krippe geben würden, damit es mit anderen Kindern spielen und seine sozialen Kompetenzen ausbilden könne. Nachdem ich diese Begründung immer wieder gehört hatte, stellte ich mir irgendwann die Frage, ob ich meinem Kind tatsächlich einen guten Dienst erwiese, wenn ich mit ihm zu Hause bliebe und die Kontakte mit anderen Kindern in der Krippe oder bei einer Tagesmutter für die Entwicklung meiner Tochter nicht auch wichtig, wenn nicht sogar wichtiger wären.

Auch ganz persönlich hatte ich meine Ambivalenzen zu dem Thema Elternzeit. Finanzielle Fragen und damit verbundene Ängste mussten geklärt werden, gesellschaftliche Rollenbilder und Klischees mussten hinterfragt und neu positioniert werden: war ich nun unemanzipiert? Ein Heimchen am Herd? Eine Glucke, die sich nur noch über ihre Kinder definiert und sonst nichts mehr zu bieten hat? Würde mir die Decke auf den Kopf fallen und ich mich der Verblödung hingeben? Neben den finanziellen Zwängen, die ich haben oder empfinden könnte, war zumindest klar, dass es wesentlich schicker und „moderner" wäre, möglichst schnell eine arbeitende Mutter zu sein.

Rückblickend kann ich sagen dass, hätte ich einfach nur auf mein Gefühl hören und vertrauen können, ohne andere Aspekte einbeziehen zu müssen, die Entscheidung von Anfang an sehr viel klarer für die drei Jahre Elternzeit zu Hause ausgefallen wäre. Was ich allerdings nicht ahnen konnte war, wie viele neue Erfahrungen ich zuhause machen würde. Eine Erfahrung, die ich mit unseren Kindern immer wieder mache, ist, dass sie ein sehr feines Gespür für das Empfinden der sie umgebenden Menschen haben. Sie spiegeln oftmals auch die Gedanken der Erwachsenen sehr klar wieder und nehmen auch kleinste Nuancen wahr. Ganz zu schweigen von der Nachahmung unserer Handlungen! An oft ganz Alltäglichem merke ich immer wieder, dass nichts, was ich im Beisein meiner Kinder tue, für diese belanglos ist. Sie nehmen alles, was ich tue mit großer Offenheit auf und ahmen es oft in unerwarteter Weise nach.

Beim Zähneputzen hat unser Sohn eine eigene Zahnbürste in der Hand; so kann ich in Ruhe seine Zähne putzen und er kann mitmachen, ohne mir, wie vorher üblich, die Zahnbürste streitig machen zu wollen. Eine Zeit lang wunderte ich mich, weshalb er immer wieder seine Zahnbürste mit einer sehr schwungvollen Bewegung durch die Luft sausen ließ. Anfangs fiel ihm die Zahnbürste dabei aus der Hand, was ich, in meiner Unkenntnis seiner Absicht, als Mutwillen interpretierte. Bis es mir vor kurzem wie Schuppen von den Augen fiel: Er ahmt die Bewegung nach, die ich immer mache, nachdem ich die Zahnbürsten unter klarem Wasser abgespült habe, um das Wasser aus den Borsten zu schwingen; eine Handlung, die ich eher automatisch als bewusst vollführe.

In diesen ersten Jahren konnte und kann ich regelrecht zusehen und mitempfinden, wie sich auch das Denken der Kinder entwickelte, beziehungsweise immer noch entwickelt. Unsere Tochter ist mit ihren nunmehr vier Jahren noch in der sogenannten Warum-Phase und die Fragen meiner Tochter sind zum Teil sehr tiefgehend und beziehen oft auch geistig religiöse Dimensionen mit ein. Hinter diesen Fragen, auch wenn sie als solche oftmals willkürlich scheinen, steht echtes Interesse und der Drang, die Welt zu verstehen und zu durchdringen. Begegne ich diesen Fragen mit Ernst und Wachsamkeit, ist es zum Teil eine große Herausforderung, Antworten zu finden, die das echte Interesse unserer Tochter stillen und für sie als Kind greifbar und verständlich sind. Häufig kommt es zu solchen wichtigen Fragen und Gesprächen in ruhigen Situationen am Essenstisch und ich bin dankbar, soviel Zeit mit unserer Tochter verbringen zu können, dass sie diese Fragen überhaupt stellen kann und ein Gegenüber hat, darauf einzugehen.

Unser Sohn ist noch im Spracherwerbsprozess und spricht erste Wörter und Sätze. Schon vor Monaten konnte man in seinen Lautbildungen Wortmelodien heraushören und Lieder erkennen, die er auf seine Weise sang. Diese Lautmelodien als Erwachsener zu erkennen und entsprechend darauf eingehen zu können, erfordert oftmals, dass man in der Situation dabei war, auf die sich das Kind gerade bezieht. Bei einem Spaziergang durchs Feld sang ich mit unserer Tochter verschiedene Lieder; nach einer Weile machte ihr damals einjähriger Bruder singende Geräusche, in denen ein bestimmtes Lied erkennbar wurde, welches wir einige Zeit zuvor im Urlaub immer gesungen, aber bei diesem Spaziergang noch nicht angestimmt hatten. Da ich das Lied aus einem gemeinsamen Erlebnis kannte, war es mir möglich, es in den Lautäußerungen meines Sohnes zu erkennen und mit meiner Tochter in seine Gesänge einzustimmen. Ich konnte seine große Freude spüren, die wahrscheinlich auf das gemeinsame Singen aber auch auf die Tatsache zurückzuführen war, dass seine Äußerungen verstanden und aufgegriffen wurden. Nach einigen Lieddurchläufen hatte sich die Lautmelodie meines Sohnes gefestigt und war als Melodie auch für Außenstehende erkennbar geworden.

Die letzten vier Jahre sind wie im Flug vergangen. Nicht nur unsere Kinder sind gewachsen, haben sich entwickelt auch wir als Eltern haben eine große

Entwicklung durchlaufen und tun es weiterhin. In gewisser Weise wachse ich als Mutter mit meinen Kindern und den immer neuen Aufgaben und Anforderungen mit. Für uns als Eltern ist es wichtig, dass wir immer wieder Zeit haben, unsere Erziehungsaufgaben nach unseren eigenen Wertvorstellungen, Richtlinien und Prioritäten zu erfüllen. Ich bin froh, in diesen frühen Entwicklungsjahren unserer Kinder keinen Spagat zwischen meinen Aufgaben als Mutter und einem beruflichen Alltag vollführen zu müssen. Ich finde es gut, mich in bestimmte erziehungsrelevante Themen einlesen zu können, ohne dabei an die nächste Konferenz und zu korrigierende Arbeitsblätter denken zu müssen. Ich nehme diese Jahre als Lehrzeit für mich als Mutter; so wie ich für meinen Beruf durch Studium und Referendariat auch eine Grundlage erhalten habe, mit deren Hilfe ich eine gute Lehrerin sein kann. Ich musste mich ja auch nicht einfach so vor eine Klasse stellen.

Mein gesellschaftlicher Beitrag als Mutter ist sicherlich nicht geringer zu bewerten als der, den ich in meinem Beruf leisten würde. Ich habe meinen Beruf bewusst gewählt und ihn gerne ausgeführt. Ich freue mich auch, ihn in Zukunft wieder aufnehmen zu dürfen, würde mich aber immer wieder für die Jahre zu Hause mit und bei meinen Kindern entscheiden. Diese Jahre sind einzigartig, unwiederbringlich, gehen so schnell vorbei und sind für die kindliche Entwicklung von grundlegender Bedeutung. Ich habe Tage und Phasen, in denen ich meinen Alltag mit den Kindern sehr anstrengend finde und sicherlich fällt mir auch mal die Decke auf den Kopf. Jedoch wäre ich, würde ich schon wieder arbeiten, auch nicht mit durchweg positiven Gefühlen konfrontiert.

Ich bin in diesen ersten Jahren zu Hause bei unseren Kindern richtig und wichtig und ich möchte nirgendwo anders sein.

## Frühkindliche Bindung

Im Zusammenhang mit dem Krippenausbau wurde auch die Frage nach den Ergebnissen der aktuellen Bindungsforschung gestellt. Dr. Rainer Böhm, leitender Kinder-und Jugendarzt am Sozialpädiatrischen Zentrum in Bielefeld, war beauftragt, diesbezüglich Empfehlungen auszuarbeiten. In seinem vielbeachteten und wissenschaftlich fundierten FAZ Artikel: „Die dunkle Seite der Kindheit", (4. April 2012) stellt er eine Studie vor, die deutlich macht, dass der Tagesspiegel des Stresshormons Cortisol bei Kindern in außerfamiliärer Betreuung in etwa demjenigen eines Managers in extremer Berufsbelastung entspricht. Hiermit machte er bereits 2012 deutlich, dass es weniger um die Qualität der Krippenbetreuung geht, als um die Fremdbetreuung an sich.

Böhms Artikel beschönigt nichts: „Kleinkinder dauerhaftem Stress auszusetzen ist unethisch, verstößt gegen Menschenrecht, macht akut und chronisch krank." Und er scheut nicht davor zurück, die Politik zur Verantwortung zu ziehen: „Das staatliche Wächteramt gebietet, eine Gefährdung des Kindeswohls gerade in öffentlichen Institutionen auszuschließen. Der Gesetzgeber sollte daher von seinen (...) Planungen Abstand nehmen, ein Recht auf außerfamiliäre Betreuung einzuführen."

Böhms Forschungsergebnisse wurden weitgehend ignoriert. Der FAZ-Artikel sowie weitere Beiträge des Autors finden sich auf seiner Webseite:

www.fachportal-bildung-und-seelische-gesundheit.de

Der Artikel „Die Kleinsten im Kindergarten: Spielball der Politik?" von Wolfgang Saßmannshausen unterstreicht diese Problematik aus entwicklungspsychologischer Sicht: „Wenn auch einiges in der kindlichen Entwicklung sich verändert, beschleunigt, ist die Tatsache, dass das Kind in den ersten Lebensjahren in einer dualen Beziehungsweise im Leben steht und in der Regel erst im vierten Lebensjahr fähig wird, Gruppenbeziehungen einzugehen, nach wie vor gültig und real."

www.erziehungskunst.de/artikel/fruehe-kindheit/die-kleinsten-im-kindergarten-spielball-der-politik

# Bullerbü darf nicht sterben

*Alle sind sich einig: Kreativität und Freiheit sind für Kinder wichtig! Aber wer kann sie ihnen noch zur Verfügung stellen? Elisabeth B. (45 Jahre, zwei Kinder) hat es bei ihrem älteren Sohn getan. Doch die Zeiten haben sich geändert...*

Unser älterer Sohn hatte das Glück, während seines vierten Schuljahres im Haus unserer Familie und mit Kindern aus der Nachbarschaft ein bullerbümäßiges Setting vorzufinden, und das mitten in der Großstadt: Ein kleiner Garten vor der Tür, in ihm eine Sandkiste, eine Schaukel, ein Kinderspielhaus, eine Tischtennisplatte, ein Kirschbaum, einige Büsche, ein Wasserschlauch und eine Vogeltränke. Ein Park in der Nähe erlaubt das Kicken. Die öffentliche Gartenanlage lädt ein, Fauna und Flora in ihrem Jahreslauf zu beobachten. Zwei Jungs seines Alters aus demselben Karree, ebenso zwei Mädchen ähnlichen Alters. Die Schule war das Pflichtprogramm am Vormittag. Der Nachhauseweg mit dem Freund war rennend in sieben Minuten zurückgelegt, wenn es denkwürdige Dinge zu beobachten galt oder ein Euro in der Tasche zum Ausgeben lockte, dauerte er eine halbe Stunde oder länger. Dann schnell ein Mittagessen, bei Hausaufgaben das Nötigste erledigt, dann ab in die Freiheit. Sein Freund war wegen Reizüberflutung und ADHS-Syndrom aus dem Hort abgemeldet worden, seine Mutter hatte dann dem zu Schulde und aus Liebe zum Sohn ihre Arbeit auf fünfzig Prozent reduziert.

Unser Sohn hatte die Übermittagsbetreuung seiner Schule von vier auf zwei, später auf einen Tag reduziert, denn Mittagessen konnte es auch zu Hause geben, ein kleines Brüderchen war geboren, die Mutter durfte Erziehungsurlaub nehmen. Die Sandkiste aus Kindergartenzeiten wurde neu entdeckt, Ritterburgen orginalnah nachgebaut, Tunnelanlagen konstruiert, Stabilität von Türmen erprobt. Im Park wurden Unterstände in Hecken und Ausgucke auf Kletterbäumen entdeckt und ausgebaut. Auf kleinen Blocks wurden verdächtige Beobachtungen der Mitmenschen notiert und Detektivberichte geschrieben. Großeltern und andere Gäste erhielten alternative Parkführungen entlang an Vogelnestern, fuchslochverdächtigen Vertiefungen, Insektenvorkommen, unscheinbaren Blümchen und fantasieanregende Gestalten an Steinen und Bäumen. Das Spielhaus im Garten wurde zum

Büro und zum Labor. Vielleicht wird unser Sohn einmal die Bullerbügeschichten seiner Kindheit näher beschreiben, jetzt als sechzehnjähriger hat er anderes im Sinn. Doch der kleine Bruder kommt nun in das Alter, in dem wir Eltern ihm seinem Entdeckerdrang und Freiheitssuche, seiner Phantasie und Kreativität viel Zeit und langsam zunehmende Freiräume ermöglichen wollen.

Nach dem ersten Lebensjahr der engen elterlichen Bindung können einige Eltern noch im zweiten und dritten Lebensjahr die ersten Schritte ihrer Kinder in die Welt hinaus ganz nah begleiten, und diese Kinder dürfen sich der ständig erreichbaren und hilfreichen Begleitung ihrer Eltern gewiss sein. Wir haben in unserer eigenen Kindheit und nun bei unserem ersten Sohn noch die weitere Kindheit in anderer Art erlebt. Auch unserem zweiten Sohn wollen wir in der Grundschulzeit viele freie Nachmittage ermöglichen, diesen Luxus möchten wir ihm gönnen. Die Erwerbsarbeit soll zurückstehen, das reduzierte Familieneinkommen hoffen wir mit einer anderen Lebensqualität auszugleichen.

Werde ich für ihn und seine Freunde an fast allen Tagen der Woche die häusliche Anlaufstation für Erkundungsgänge in der Umgebung und selbstgestalteter Aktionen sein können? Werde ich darauf verzichten können, ihn täglich zu intelligenz- und motorikfördernden Maßnahmen zu bringen? Wird unser Kind in der Nachbarschaft Freunde haben mit viel Zeit und Muße, Fantasie und Kreativität?

Bullerbü darf nicht sterben!

## Über die Enteignung der Kindheit

Jedes Kind ist eine Persönlichkeit, Doch seine Fähigkeiten und Möglichkeiten liegen noch im Verborgenen. Es braucht vor allem Raum und Zeit, um durch sinnliches Spiel und Fantasie sich und die Welt zu begreifen. Räume jenseits von Leistungsdruck und standardisierten Maßstäben.

Über die allmähliche Verdrängung dieser Freiräume durch die Ausweitung außerfamiliärer Betreuung äußert sich Norbert Blüm in seiner sehr lesenswerten Streitschrift „Freiheit!“:

„Von der Kindheit als dem Raum und der Zeit der abenteuerlichen Erkundung der Welt und ihrer Geheimnisse zusammen mit Spielkameraden und Cliquen und Verschworenen, dazu noch auf eigene Gefahr, bleibt wenig übrig (...) Ganztagsschule, schulische Ferienbetreuung, Kinderhort und -tagesstätte entpuppen sich als die klammheimlichen Instrumente der Enteignung der Kindheit und der verborgenen Machtergreifung der öffentlichen Verwaltung des Menschen und seiner wirtschaftlichen Verwertung. (...) Im Schicksal von Kindheit und Familie spiegelt sich die Zukunftsperspektive einer Welt, in der alle privaten Rückzugsmöglichkeiten verstaatlicht sind und die Gesellschaft rücksichtslos verwirtschaftet ist.“

Die Zeit, 15.3.2012 www.zeit.de/2012/12/C–Bluem

# Freiheit findet zuhause statt

## Familie als institutionsfreie Zone

*Erziehung zur Freiheit: Was brauchen Kinder dazu? „Ein Zuhause!" sagt Pia S. (47 Jahre, zwei Kinder). Sie hat als Kind noch erleben dürfen, was es bedeutet, wirklich begleitet zu sein. Als erwachsene Frau hat sie sich aus innerer Überzeugung für die Familienarbeit entschieden und setzt sich nun wach und kritisch mit der aktuellen Familienpolitik auseinander.*

Aufgewachsen als Jüngste von fünf Kindern herrschte bei uns immer viel Trubel. Die Freunde meiner Geschwister und mir gingen bei uns zu Hause ein und aus. Meine Mutter war zuhause und sorgte für uns, auch indem sie einfach da war, wenn wir sie brauchten. Ich erinnere mich, dass mein Vater mir immer ein bisschen leid tat, weil er arbeiten musste. Und ich erinnere mich an die vielen Nachmittage meiner Kindheit, in denen ich für Stunden mit meinen Freunden auf Wiesen, in Wäldern und auf Straßen unterwegs war. Wir spielten und spielten, frei wie die Vögel. Das war auch schon zu Grundschulzeiten so. Meine Kindheit habe ich in großer Freiheit verbringen dürfen, dank meiner Mutter. Von ihr habe ich gelernt die außerfamiliären Dinge, selbst die Schule, nicht zu ernst zu nehmen. Gelassenheit war ihr Motto und so hat sie uns fünf „legasthenische" Kinder ohne Druck und mit viel Liebe zum Abitur begleitet. Wenn Schule, dann Schule, wenn frei, dann frei. Wir durften auch noch gemütlich krank sein und umsorgt wieder gesunden. Ich sehe mich noch in unserem Salon bei der Musik von Humperdincks Kinderoper „Hänsel und Gretel" genüsslich malen und meine damalige Grippe auskurieren.

So war es für mich selbstverständlich, noch bevor ich selber Kinder hatte, diese Freiheit an sie weitergeben zu wollen. Ich wollte, dass meine Kinder selbst entscheiden dürfen, wie weit sie sich von mir entfernen möchten. Für mich war die Abgabe meiner Kinder im Kleinkindalter deshalb undenkbar. Als ich im Jahr 2005 meine erste Tochter bekam, traf es mich fast wie ein Schock, wie der Zeitgeist sich gewandelt hatte. Unsere damalige Familienministerin Ursula von der Leyen stellte gerade die Weichen für das Recht auf einen Kitaplatz für Einjährige bis zum Jahr

2013. Mir war bewusst, dass dies eine gesellschaftsverändernde Maßnahme sein würde. Viel diskutiert habe ich mit meinen Freunden, aber auch mit Fremden, meist Müttern auf den Spielplätzen. Die meisten waren der Ansicht, das könne man ja immer noch selbst entscheiden. Meine Argumente und Befürchtungen, dass dies dann nicht mehr ohne weiteres möglich sei, ja geradezu verhindert würde, blieben ungehört.

Für mich waren die ersten Jahre mit den Kindern, diese von mir so empfundene „Goldene Zeit" so schön, weil wir den Tag fließen lassen konnten. Am Morgen war es am schönsten, da beide Töchter von mir weitgehend unabhängig ihre kleine Umwelt erkundeten und spielten bis zum Mittagsschlaf. Nachmittags dann die gemeinsamen Unternehmungen, sei es auf den Spielplatz oder Treffen mit den übriggebliebenen Müttern, die noch Zeit hatten und es genauso hielten wie ich. Andere dachten bald anders. Im Jahr 2007, hochschwanger mit meiner zweiten Tochter auf ein Geburtstagsfest kommend, wurde ich als erstes gefragt, ob ich denn schon einen Kitaplatz hätte. In diesen Gesprächen lernte ich, dass Müttern mit Babys zu Hause die Decke auf den Kopf falle, schon nach einem halben Jahr und es strebsam sei, sofort wieder zu arbeiten. Schließlich hätte eine glückliche Mutter auch zufriedene Kinder. Dies höre ich seither ständig, scheint es doch das neue Mantra zu sein.

Meine Auffassung war und ist: alles zu seiner Zeit. Kleinkinder brauchen an erster Stelle bedingungslose Liebe und wenn sie dann in den Kindergarten kommen, kann man ja wieder langsam in die Arbeit einsteigen. Ich bin sehr froh, die Zeit bis zum Kindergarten mit meinen Kindern verbracht zu haben. Eigentlich war es meine schönste Zeit überhaupt, ohne schlechtes Gewissen, den Anforderungen an mich und der Welt  genügen zu müssen. Anstrengend schon, ja, aber auch herrlich die Kinder miterleben zu dürfen. Ich habe nie erlebt, dass sich meine Kinder langweilten, im Spiel miteinander oder auch mit sich. Und wenn sie es dann doch einmal taten, fiel ihnen mit Sicherheit bald wieder etwas Spannendes ein.

Meine damaligen Befürchtungen vor bald neun Jahren, haben sich schon jetzt und noch viel schlimmer bewahrheitet. Mein Cousin bekam einen Kitaplatz für seinen Einjährigen angeboten (die ältere Schwester war schon in diesem Kindergarten), der diesen mit der Begründung ablehnte, er wolle sein Kind erst mit drei Jahren in den Kindergarten geben. Daraufhin wurde ihm gesagt, dass es unwahrscheinlich sei, dass er dann überhaupt noch einen Kindergartenplatz bekäme. Wie weitreichend die Folgen der Kitapolitik sind, begann ich zu ahnen, als unser erstes Kind in die Schule kam. In Stuttgart werden zurzeit nach und nach die flexiblen Betreuungen wie Kernzeit und Horte abgeschafft. Es sollen nur noch gebundene Ganztagesgrundschulen angeboten werden. Das ist der Plan. Ich war bei einer Rathausveranstaltung, in der wir Eltern wie in einer riesigen Werbeveranstaltung davon überzeugt werden sollten, dass die sogenannte „Schulfamilie" und die Ganztagesgrundschule das Allerbeste für unsere Kinder sei. Da seien die Hausaufgaben schon gemacht...

Wir hatten bis dahin ein wirklich modernes Grundschulsystem mit Ganztagesklassen, Regelklassen und klassenübergreifenden Klassen. Dies wird nun ohne Not zerschlagen. Die Mütter wurden mit flexiblen Betreuungsangeboten in die 400 Euro Jobs gelockt, da sie dies vereinbaren konnten mit ihrem Familienleben. Ich habe erlebt, wie traurig diese Mütter waren, als sie eröffnet bekamen, dass es diese Betreuung nicht mehr geben soll. Sehr kurzfristig wurde uns das verkündet. Sie meldeten ihre Kinder schweren Herzens in die Ganztagesklassen um. Was mich dabei am meisten empört ist, dass behauptet wird, der Bedarf sei so groß und gleichzeitig werden die Familien durch die Schließung der flexiblen Betreuungen hineingezwungen.

Wenn ich auf meine Erziehungshoheit hinweise, bekomme ich gesagt, was dann mit den armen bildungsfernen Kindern sei? Das empfinde ich als zynisch. Werde ich erpresst, anstatt darin bestärkt, mich um meine Kinder zu kümmern, wo doch gerade das die Politiker und die Medien nie müde werden zu verbreiten, dass die meisten Kleinkinder vor der Glotze sitzen und vernachlässigt werden. An einigen Elterndemos habe ich teilgenommen, nie wurden die Eltern vorher darüber befragt, welche Bedürfnisse sie haben. Auf kritische Anfragen heißt es dann, dass es für die Eltern kein Wunschkonzert gebe!

Gerne hätten wir unsere zweite Tochter später eingeschult. Sie kam schon mit gerade noch fünf Jahren in die Schule. Auch war und ist es uns wichtig, dass unsere Kinder nur halbtags in die Schule gehen. Das haben wir gerade noch hinbekommen. Wir fühlen uns mit unserem Modell in zunehmendem Maße diskriminiert. Mir scheint es, in einer Zeit zu leben, in der niemand mehr Zeit miteinander verbringen soll, schon gar nicht mit den eigenen Kindern. In einer Welt, in der nur Leistung zählt und das Bruttosozialprodukt. Wir alle sollen funktionieren. Unsere Kinder wie kleine Soldaten vom Babyalter an immer in der Gruppe und mit Wissen gestopft werden wie selbige arme Gans. Unsere Kinder dürfen sich nicht mehr langweilen und scheinen ein Gefäß sein zu sollen, das unermüdlich gefüllt werden will. Nach ihren wirklichen Fähigkeiten und Neigungen wird gar nicht erst geschaut.

Immer wieder gleite ich in die Politik ab, obwohl ich doch meine ganz persönlichen Erfahrungen mit meinen Kindern schildern darf und soll. Für mich ist dies kaum zu trennen. Zu stark empfinde ich die Einmischung der Politik und der Medien, die eine Familienpolitik propagieren, die für mich nicht kälter und vor allem nicht kinderunfreundlicher, menschenunfreundlicher sein kann. Dies bedrückt mich und meinen Mann immer wieder aufs Neue. Schöne neue Welt, nämlich die der Erwachsenen, die auf dem Rücken der Kinder ausgelebt wird. Unsere lieben Nachbarn werden nie müde, strahlend zu bemerken, dass wir ja noch "richtige" Kinder hätten, wenn sie mal wieder verkleidet, wie so oft, die Gegend unsicher machen, richtige „Bullerbükinder". Oft denke ich dann, dass doch alle Kinder richtige, weil freie Kinder sein sollten.... Oft sehe ich Kinder und Jugendliche mit ihren Handys. Sollen sie ständig erreichbar sein und womöglich noch geortet von ihren Eltern, ständig überwacht. Wo bleibt das Vertrauen, die Freiheit und die Gelassenheit? Liegt es womöglich daran, dass uns Eltern suggeriert wird, gar nicht mehr fähig zu sein, unsere Kinder selbst erziehen zu können? Sollen wir immer mehr dem Staat überlassen und das vom kleinsten Kindesalter an?

Ich habe das Gefühl, dass wir unsere im Grundgesetz verankerte Erziehungshoheit schwer verteidigen müssen. Kritisch und wach bleiben müssen, um nicht unsere Elternrechte an den Staat zu verlieren. Soll womöglich bald z.B. die Krankenfamilienversicherung und der dreijährige Kündigungsschutz für Mütter abgeschafft werden? Können Familien es sich dann überhaupt noch leisten ihre Kinder selber zu betreuen, wenn es das Hauptziel des Staates zu sein scheint, die „Hausfrau" abzuschaffen? Sollen Familien sich ein Zuhause überhaupt noch leisten können? Wird gar alles politisch so entschieden, dass es in Zukunft Familien unmöglich gemacht wird, ihre Kinder selbst zu betreuen? Solche Befürchtungen schwirren durch meinen Kopf und scheinen real zu werden.

Die Wahlfreiheit wird uns immer mehr genommen und mit dem Recht auf Kitaplätze für Einjährige hat dies seinen fatalen Anfang genommen. Alleinerziehende und Eltern die beide arbeiten müssen, sollten Luxusplätze bekommen mit viel gutem Personal und guter Qualität. Jedoch hat die momentane Kitapolitik in meinen

Augen andere Ziele, indem sie alle Mütter in die Arbeit zwingen will. Nur eine Frau, die für Geld arbeitet, scheint in unserer Gesellschaft Ansehen zu haben.

Meine Schlussfolgerung ist, dass dies nur funktioniert, indem die Emanzipation dafür missbraucht wird. Von der dusseligen Hausfrau zu der selbstbestimmten Frau, die jetzt nicht nur arbeiten soll, sondern danach noch die Hausarbeit schmeißt, die Kinder versorgt, inklusive Nächte mit zahnenden Babys, einkaufen geht, attraktiv für ihren Mann sein soll und das am besten noch mit einem fröhlichen Pfeifen auf den Lippen. Ständig wird uns Angst vor einer Zukunft gemacht, die wir alle noch gar nicht kennen. Auch ich bin nicht frei davon und übe mich darin, im Hier und Jetzt zu leben, denn das ist das Einzige was real ist. Wenn wir im Jetzt alles so gut machen, wie wir es eben können und unsere Kinder wirklich begleiten, öffnet sich die Zukunft vielleicht ganz von selbst. Die Zeit vergeht so schnell. Wie meine Mutter immer so schön sagt: „Wir sind nur Gast auf Gottes Erden."

Die ersten Jahre sind aus meiner Sicht besonders schützenswert. Eine Zeit, in der ich meinen Kindern meine Werte vermitteln darf. Dass unser Familienleben an erster Stelle kommt und dann die Institutionen. Wie hoffe ich, dass sich dieser Zeitgeist, wie alle Moden ganz bald wieder ändern wird. Dass die Menschen erkennen, dass Zeit füreinander zu haben, der wahre Luxus ist. Und dass Kinder zu bekommen wieder die selbstverständlichste und natürlichste Sache der Welt wird.

Ich wünsche mir eine wirklich moderne Welt mit echter Wahlfreiheit!

## Krippenausbau und Wahlfreiheit

Das Kinderförderungsgesetz (KiföG) von 2008 sollte den Ausbau der Kinderkrippen vorantreiben, um den Eltern „echte Wahlmöglichkeiten" zu eröffnen. Dazu regelte es den Rechtsanspruch auf einen Betreuungsplatz für alle Kinder vom vollendeten ersten bis zum vollendeten dritten Lebensjahr. Dieser gilt ab dem 01. August 2013. Inzwischen wissen wir, dass die Betriebskosten für einen Krippenplatz bei rund 1.250 Euro pro Monat liegen, davon sind rund 1.000 Euro öffentliche Subventionen. www.bmfsfj.de/BMFSFJ/gesetze,did=133282.html

Für alle, die sich für eine Erziehung zuhause entscheiden, gibt es lediglich 150 Euro Betreuungsgeld für zwei Jahre im Anschluss an das maximal 14-monatige Elterngeld. Mit Blick auf den in unserer Gesellschaft so fokussierten Einkommensverzicht scheint dies ein ironischer Wink mit dem Zaunpfahl.

Auch die Gefährdung der Kindertagespflege unterstreicht die einseitige Krippenpolitik. Die staatliche Förderung für Tagesmütter war während des Krippenausbaus sehr hoch, da man eventuellen Klagen wegen eines nicht erhaltenen Krippenplatzes vorbeugen wollte. Seit der Krippenausbau weitgehend beendet ist, kämpfen diese um ihre Existenz. Der Verein Hamburger Tagesmütter und -väter e.V. hat eine Petition an Bundesgesundheitsminister Hermann Gröhe gerichtet, in der die aktuelle Situation der Tagespflege deutlich wird:

www.change.org/p/bundesministerium-für-gesundheit-rettet-die-kindertagespflege

Soviel zur Wahlfreiheit.

# Verkalkuliert

*Zunächst meinte die wachsende Familie im politischen Mainstream der 1990er Jahre zu sein: Das Bundesverfassungsgericht hatte eine familiengerechtere Finanzpolitik gefordert. Christiane A. (49 Jahre, fünf Kinder) reflektiert in ihrem Bericht die Verlässlichkeit der deutschen Familienpolitik. Zuletzt stellt sich die Frage: Wer hat sich nun und wobei verkalkuliert?*

Im Jahr 1996 war ich mit unserem dritten Kind schwanger. Zweifel unseres Umfeldes an der Klugheit, aus dem Standard der Kleinfamilie herauszutreten und sich auf die Übermacht an Köpfen, Versorgungsanspruch und Finanzsog durch eine Kinderschar einzulassen, konnte ich aus dem Weg räumen. Wir sind im Mainstream: Der Bundesgerichtshof hat die bessere Berücksichtigung von Familien für alle künftigen Steuerreformen angemahnt, die demographische Entwicklung wird die Politik zur Unterstützung kinderreicher Familien zwingen, in den Nachbarländern ist die Zunahme sowohl der kinderlosen Frau als auch der kinderreichen zu beobachten. Um unseren Arbeitsplatz müssen wir uns nicht fürchten, denn nach der neuen Rechtslage dürfen wir, sogar mit zweimaligem Wechsel, drei Jahre Elternzeit nehmen, ohne dass eine Kündigung drohen kann. Und teuer sind die kleinen Kinder noch nicht, Second-hand-Läden sprießen aus dem Boden, Kinderflohmärkte werden immer häufiger. Es gilt nur noch, für den Erwerb von Rentenansprüchen während der Elternzeit zu kämpfen.

Erst zwei Jahre später klärte mich ein guter Freund, der gerade sein einjähriges Kind an eine Krippe gewöhnte, über den gegenwärtigen politisch-gesellschaftlichen Willen auf: Der Staat muss für die Steigerung des Bruttosozialprodukts sorgen. Daher sollen immer mehr Arbeitskräfte für die Wirtschaft mobilisiert werden, die Kinderkrippen werden durch höhere Steuereinnahmen finanziert werden, Krippenerzieher werden den Arbeitslosenmarkt entlasten. Zudem darf die Bildungsnation Deutschland nicht teuer ausgebildete Akademikerinnen in ausgedehnte Familienzeit gehen lassen. Auch werden durch mehr Verdienst und weniger Zeit die Bürger ihre Konsumlust erhöhen und die Wirtschaft ankurbeln.

Aber, wagte ich zu erwidern: Ich war bereit, durch einen dritten künftigen Steuerzahler unsere Renten sicherer zu machen, so werde ich mir auch die rechtliche Auszeit von drei Jahren Elternzeit nehmen.

Aber, wagte ich zu erwidern: Für unsere Kinder muss der Staat keine Krippensubventionierung zahlen und spart bei jedem unserer Kinder zwei Jahre lang 1.000 Euro pro Monat.

Aber, wagte ich zu erwidern: Wenn sich der Staat wegen der schrumpfenden Geburtenrate sorgt, soll er den Familien, die sich für ein drittes Kind entscheiden, Unterstützung geben. Denn, wenn viele Frauen kein Kind oder nur ein Kind bekommen können oder wollen, müssen für die vom Staat erhoffte Geburtenrate nach Adam Riese andere Frauen mehr als zwei Kinder zur Welt bringen.

Doch ganz abgesehen von demographischen und wirtschaftlichen Argumenten: Wir können uns eine größere Familie gut vorstellen. Wir lieben Kinder und den Trubel, den sie bringen. Wir meinen, gute Eltern zu sein. Wir meinen, die Liebe unserer Kinder wiegt Konsumverzicht auf. Wir hoffen, unsere Kinder bringen Glück in die Welt. Ich ging nach dem dritten Jahr Erziehungsurlaub nur mit einer 40 Prozent Stelle an meinen Arbeitsplatz zurück. Denn ich wollte nachmittags Zeit für die Familie haben. Doch dann wurde es wirtschaftspolitisch betrachtet noch problematischer:

Die Freude am Familienleben war sogar so groß, dass wir uns vorstellen konnten, den Lebensabschnitt mit Kindern noch auszudehnen. So bekamen wir nach fünf und nach sechs Jahren zwei weitere Kinder. Zunächst nahm ich wieder die mir zugestandenen Jahre an Erziehungsurlaub und Elternzeit. Allerdings war das Erziehungsgeld einem Elterngeld gewichen, die Leistung hatte sich für uns verschlechtert. Das Baukindergeld, das wir gut hätten gebrauchen können, wurde abgeschafft. Wir suchten und fanden mit dem dritten Geburtstag unseres jüngsten eine gute Haushaltshilfe, und ich ging wieder meinem Beruf in Teilzeit nach.

Doch nach weiteren drei Jahren besann ich mich eines anderen: Ich will noch einmal in unbezahlten Urlaub aus familiären Gründen gehen. Ich sei so „egoistisch" und wolle meine Kinder noch ein bisschen „genießen", ich sei eine „Glucke", so oder so ähnlich werden manche meine Entscheidung interpretieren. Auch werden sich manche fragen, warum wir uns das „leisten", warum wir auf Einkommen, auf gewissen Luxus und auf die zu erwartende Rente verzichten. Ich bilde mir ein, unsere Kinder besser zu begleiten und zu fördern als die nachmittägliche

Schulbetreuung es kann. Ich meine, auch unsere älter werdenden Kinder wünschen sich ein Zuhause, wo jemand für sie als Gesprächspartner da ist. So will ich als Mutter für unsere Kinder immer ein Ohr haben können. Unser Zuhause soll mehr als ein Haushalt sein, in dem Schul- und Arbeitsleben organisiert wird. Wir wollen mehr als funktionieren. Leben ist mehr. Familienleben ist schön.

Doch nun vermassele ich dem Staat Steuereinnahmen durch Steuern auf mein Arbeitsgehalt. Und nicht nur meine Steuer fehlt dem Staat, nein auch Umsatzsteuer des Schnellimbisses neben der Schule. Reduzierung des Kaufs von Business-Dress, keine Animatoren für Geburtstagsfeiern, Verzicht auf Fertiggerichte, keine Inanspruchnahme des Fachgeschäfts zur Reparatur des Fahrradplattens, kein Engagieren der Fensterspezialreinigungsfirma,...lieber keine weiteren Ausführungen, nicht dass ich durch publik machen meines Lebensstils zum Feind des wachsenden Bruttosozialproduktes werde.

Und unsere steuerpolitisch kritisch zu betrachtende Haltung hat noch weiterreichende Folgen: Unser erstes Kind hat sich aus unserem Staat, mit dem sich ständig schneller drehendem Konsumrad der Dienstleistungsgesellschaft, herauskatapultieren lassen. Es sucht auf einem anderen Flecken der Welt sein Glück. Es will in einem anderen Land der Erwerbstätigkeit nachgehen. Die jüngere Schwester will folgen. So werden zwei in die Sozialversicherungen zahlende Bürger unserem Staat verloren gehen. Ich selbst werde durch den Rückstoß dieses Katapultes tief in meinen Sessel gedrückt.

Wenn ich diese Zeilen geschrieben habe, werde ich mich der Vertiefung meiner Englischkenntnisse widmen oder eine weitere Fremdsprache lernen. Wer weiß, wann auch ich aus dem sich immer schneller drehenden Rad unserer Konsumgesellschaft herauskatapultiert werde oder ich mich leise davonschleichen werde. Meine Riesterrente werde ich nicht mitnehmen dürfen, für unseren Staat eine geringfügige Schadensminderung.

## Familiengerechtigkeit in der Sozial- und Steuerpolitik

Die Benachteiligung der Familien durch die Sozialsysteme wird auch durch das Bundesverfassungsgericht immer wieder angemahnt. Bereits in einem Urteil vom 29.5.1990 hatte das Gericht von einer „verfassungswidrigen Steuer" wegen zu geringer Kinderfreibeträge gesprochen und vom Staat die Sicherstellung des Mindestbedarfs aller Kinder, unabhängig vom Einkommen der Eltern gefordert. Auch in einem Urteil vom 7.7.1992 wiesen die Richter auf die enorme Schieflage der Steuergesetzgebung hin. Bis heute gibt es keine befriedigenden Lösungen.

„Die Schicksalsfrage, das ist die doppelte Kinderarmut in Deutschland. 30.000 Kinder im Alter von sechs Jahren und jünger leben unterhalb des Existenzminimums..." formuliert es Jürgen Borchert in der Süddeutschen Zeitung vom 19. August 2013

www.sueddeutsche.de/wirtschaft/sozialrichter-juergen-borchert-der-kalkulierte-grosse-zorn-1.174940

Der ehemalige Sozialrichter Prof. Jürgen Borchert, den manche als das „soziale Gewissen Deutschlands" bezeichnen, widmet sich auf breiter politischer Basis diesem Verfall des Sozialstaates. In seinem 2013 erschienenen Buch „Sozialstaatsdämmerung" beschreibt und recherchiert er ausführlich über die Benachteiligung von Familien.

Im folgenden Zitat pointiert er die Problematik der ungerechten Umverteilung: „Für das mit 38,8 Milliarden Euro gelistete Kindergeld gilt: Es ist zu größten Teilen kein Geschenk, sondern die Rückgabe von Diebesgut". (S. 94f.)

# Schlaf Kindlein, schlaf

## Bericht einer (Tages)Mutter

*Ariane E. (44 Jahre, vier Kinder) hat zunächst ihre eigenen Kinder groß gezogen. Die mangelnde Wertschätzung ihrer „Dienstleistung an der Gesellschaft“ wird ihr erst richtig deutlich, als sie sich für den Beruf der Tagesmutter entscheidet. Er gilt als anerkannter und bezahlter „Mamaberuf“.*

„Schlaf‘, Kindlein, schlaf‘, am Himmel zieh'n die Schaf‘...“ Ich rolle das Bettchen sachte hin und her, halte Lisas Händchen, wenn sie es mir entgegenstreckt, spiele ein wenig Verstecken hinter dem Betthimmel und streiche ihr dann übers Köpfchen, während sie sich nach einem ereignisreichen Spielvormittag zufrieden zur Seite dreht. „Schlaf‘ gut!“ Wie oft habe ich Kindern schon zum Einschlafen gesungen – und warum ist dieselbe Tätigkeit einmal Erwerbstätigkeit, das andere Mal nicht? Als unser erstes Kind zur Welt kam, stieg ich für 11 Monate aus meinem Lehrerberuf aus. Ich versorgte den Säugling, stillte, wickelte, fütterte, spielte, sang, ging mit ihm spazieren, und weil ich Pädagogin war, sah ich das alles gewissermaßen auch als berufliche Weiterbildung für die frühe Kindheit. Dann fuhr ich fort zu unterrichten, war nachmittags „nur zuhause“ mit dem Baby und „arbeitete“ abends wieder am Schreibtisch. Als nach eineinhalb Jahren das zweite Kind und bald auch ein drittes und viertes folgten, kam das Unterrichten nicht mehr in Frage, da die Versorgung der Kinder einfach zu anstrengend war. Anerkannte und bezahlte Arbeit war dies jedoch nicht mehr! Dass eine Mutter von vier kleinen Kindern den ganzen Tag über und zum Teil auch in den Nächten permanent beschäftigt ist, für die Kinder sorgt und weder Feierabend, Wochenende noch Urlaubszeiten hat, findet rein im Privaten statt und wird in der öffentlichen Debatte meist ignoriert. Gefragt wird nur ab und zu: Und wann willst du wieder anfangen zu „arbeiten“?!

Ich hatte nie das Bedürfnis, meine Kinder in eine Betreuung zu geben, um in der Schule zu unterrichten, da zu Hause so ungeheuer viel schöne, spannende und anspruchsvolle pädagogische Arbeit und Beziehungspflege stattfand. Leider wurde bei mir als Mutter mit der Zeit das Gefühl, gesellschaftlich ausgebeutet zu werden, immer stärker. Und nicht nur in mir nagte es, da alle Eltern, die sich dafür entscheiden, ihre kleinen Kinder selbst zu betreuen, im Gegensatz zu denen, die Betreuungsangebote nutzen, kaum staatliche Unterstützung erhalten. Wir verzichten auf ein zweites Einkommen und helfen durch die Steuerabgaben der erwerbstätigen (meist) Männer, das Betreuungsangebot für berufstätige Eltern zu finanzieren.

Die Anfrage, auch andere Kinder zu betreuen, gab der Sache eine neue Wendung und machte aus mir als Mutter eine berufstätige Tagespflegeperson. Mit einem Mal wurde ein Teil der Tätigkeiten bezahlt, die ich ohnehin schon seit Jahren ausgeübt hatte, es war plötzlich „Arbeit". Einem oder mehreren Kindern das Frühstück zu machen, mit ihnen auf den Spielplatz zu gehen, Bücher anzuschauen, zu spielen, zu singen, ihnen Aufmerksamkeit zu schenken und Schlafenszeiten zu ermöglichen – alles war mit einem Mal qualifizierte, wichtige und bezahlte Arbeit. Parallel dazu und nach Feierabend betreue ich aber einfach weiter, nämlich meine eigenen Kinder, die, statt in den Hort zu gehen, bei ihrer eigenen (Tages)Mutter für Mittagessen, Hausaufgabenbetreuung, Nachhilfeunterricht und Freizeitgestaltung sein dürfen. Warum ist das jetzt keine gesellschaftlich anerkannte und finanzierte Arbeit mehr, obwohl unsere Kinder sich zu Hause immer so wohl gefühlt haben, dass sie nie in einen Hort gehen wollten?

Hätte eine andere Tagesmutter meine vier Kinder für mich und ich ihre Kinder für sie betreut, hätten wir Dank der öffentlichen Förderung weit mehr als die Betreuungskosten verdient! Es wäre wirtschaftlich sehr vorteilhaft für uns gewesen. Ich weiß nur, dass unsere Kinder auf die Frage, ob sie das auch wollten, ganz klar mit „nein" geantwortet hätten. Die Beziehung zu Mama, Papa und Geschwistern war so lebendig und erfüllend, dass die Kinder sich wunderbar entwickeln konnten. Weshalb wird dennoch nur die Betreuung von Kindern durch mehr oder weniger qualifizierte Personen gefördert, die nicht ihre Eltern sind? Sozialversicherungspflichtige, möglichst lange Vollzeiterwerbstätigkeit ist noch immer Ideal und Maßstab eines gesellschaftlich erfolgreichen Lebens, und die bisherige Emanzipation hat auch Frauen dazu geführt, sich mit diesem (männlichen) Ideal zu identifizieren, so dass die typisch weiblichen Haushalts- und Erziehungstätigkeiten von beiden Eltern in hohem Maße delegiert werden müssen, um erfolgreich zu sein.

Jetzt erwacht Lisa wieder und ruft nach mir. Sie möchte unbedingt so lange es geht auf meinem Arm bleiben, doch gehört meine Aufmerksamkeit auch noch den anderen Kindern. Da ist die Sehnsucht groß, jemanden nur für sich allein zu haben und Lisa freut sich sehr, wenn Mama oder Papa kommen, um noch richtig weiter zu kuscheln. Obwohl die Kinder gerne in die Tagespflege kommen und viel Freude miteinander haben, erlebe ich jeden Tag, wie einzigartig die Beziehung für ein Kind zu seinen Eltern ist, welches tiefe Gefühl der Verbundenheit und freudiger Geborgenheit darin liegt, das durch pädagogische Fördermaßnahmen, Kompetenz und interessante Spielangebote ergänzt, aber nie ersetzt werden kann. Insofern sind die für die häusliche Erziehung verantwortlichen Menschen aus Sicht kleiner Kinder immer die wichtigsten Bezugs- und Betreuungspersonen.

Ich selbst dachte nach dem Studium selbstverständlich an meinen Beruf und nicht an Familie und Kinder, erlebte nach deren Geburt aber, wie umfassend, verantwortungsvoll, schön und anstrengend die Arbeit als Mutter ist. Deshalb und mit Blick auf die geschilderten Erfahrungen würde ich mir für Menschen, die diese Erziehungsarbeit leisten wollen – eventuell auch gebunden an bestimmte Qualifikationen – so viel finanzielle Unterstützung wünschen, dass sie sich wirklich frei entscheiden können.

# Und dafür bekomme ich Geld?

## Wie ich als (Pflege-)Mutter lernte, Familienarbeit immer wieder neu zu denken

*Franziska M. (51 Jahre, drei Kinder) ist Mutter und Pflegemutter. Zwei ihrer Kinder sind nicht ihre leiblichen. Für diese bekommt sie Geld. Die Finanzierung ihrer Familienarbeit stand für sie nie im Vordergrund, bis sie begriff, dass die gesellschaftliche Anerkennung ihrer Tätigkeit durch das Pflegegeld deutlich gesteigert wird.*

Eigentlich ist es nicht der richtige Zeitpunkt, um über Familie nachzudenken. Alles in mir drängt nach über 10 Jahren Familienarbeit ins Weite, ins Neue, und zugleich in das, was ich von früher kenne: wieder selbstbestimmt zu sein! Vor 10 Jahren wusste ich diesen Zustand nicht zu schätzen, da ich mich nach einer langen Ausbildungs-und Arbeitszeit nach Kindern und Familie sehnte. Scheinbar braucht Mensch Wechsel... Meine Sehnsucht wurde damals heftig erfüllt: zwei Pflegekinder (die nun für immer bei uns leben) und – ganz unerwartet – noch ein leibliches Kind hinterher. Da war ich 42 und die drei Kinder nur eineinhalb Jahre auseinander. Einfach abschütteln kann ich diesen, von mir gewollten Zuwachs an komplexem Beziehungsgeflecht (nennen wir es mal versuchsweise Familie) nun nicht mehr, will ich auch gar nicht! Also doch darüber nachdenken!

## Jetzt-Zeit

Nachmittags. Sommer. Ich sitze und schreibe einen Brief, es ist ruhig im Haus. Plötzlich drei Kinderstimmen *gleichzeitig:* Erste Stimme (8 Jahre): Mama, wo sind meine Inliner? (Sie sind im Keller, wo sie immer sind). Zweite Stimme (11 Jahre): Mama, darf ich den Rest vom Mittagessen aufessen? (Na gut, und wie sieht dann die gerade aufgeräumte Küche aus?) Dritte Stimme (9 Jahre): Mama, darf Mirka zu uns rein, sie kommt gerade aus dem Hort und bei ihr ist niemand zuhause? Gleich schreie ich, denke ich, denn ich kenne das, dieses Sich-frei-schreien-wollen, einfach aus einem Zuviel an Input, der von drei gesunden Kindern ausgehen kann. Doch plötzlich muss ich schmunzeln: diese fröhlichen Kinderstimmen, dieser Ausdruck von prallem Leben, diese unbekümmerte Annahme, dass Mama einfach Zeit und Raum für einen hat, dieses Kind-sein-dürfen: Genau das habe ich doch gewollt, als ich mich für Kinder entschied!

## Rückblende

Dennoch habe ich oft geschrien, bin an meine Grenzen gekommen, besonders als die Kinder ganz klein waren und alle drei (!) noch gewickelt werden mussten und die Nächte oft völlig fehlten. Unsere Kräfte waren schneller aufgebraucht, als gedacht. Als der Jüngste geboren wurde (unser erstes leibliches Kind), erkrankten mein Mann und ich fast gleichzeitig sehr schwer, Hilfe von Verwandten gab es nur für die akute Zeit der Erkrankung. Auch Freunde konnten in der langwierigen Zeit der Rekonvaleszenz nur zeitweise einspringen. Wir versuchten also die älteren Kinder (damals drei und anderthalb) zum ersten Mal in Fremdbetreuung zu geben. Der knapp Dreijährige, den ich auf Grund seiner Zartheit gerne noch ein wenig zuhause betreut hätte, konnte – wenn auch mit einigen Anläufen – in eine Kleingruppe eines Kindergartens eingewöhnt werden. Noch heute denke ich, dass es zu früh für ihn war. Sein „Pech" war, dass er sich zu wenig zur Wehr setzte und ich wegen der zwei kleineren Kinder seine leisen Signale der Überforderung nicht wahrnehmen konnte. Und unsere damals anderthalbjährige Tochter? War eine Tagesmutter für sie die Lösung? Das Kind war zu diesem Zeitpunkt gerade mal 9 Monate bei uns in Pflege. Abgeben? Mir blieb scheinbar nichts anderes übrig. Der Versuch scheiterte kläglich. Die Abgabe tagesweise an eine sehr nette und kompetente Tagesmutter brachte alles durcheinander. Unser Mädchen wurde von Tag zu Tag unruhiger. Die Nächte waren schrecklich, da ich neben meinem Säugling nun auch noch die Kleine – die kurz zuvor einen guten Schlafrhythmus gefunden hatte – immer wieder beruhigen musste. Alte Verhaltensmuster brachen auf, wir waren alle restlos überfordert.

In einer dieser schlaflosen Nächte hatte ich ein seltsames Erlebnis. Plötzlich stand vor mir, völlig schmerzlos und unsentimental der Gedanke: Du hast die Kinder zu Dir geholt, also hast du auch die Kraft für sie! Ich holte unser Mädchen wieder nachhause (was da allein an Fahrerei wegfiel), und beschloss, unterstützt von meinem Mann, *mir* Kraft zu holen, in Form einer Supervision für unsere Familie. Letzteres tat ich auch deshalb, weil ich spürte, dass wir zu rasch und unvorbereitet in unsere komplexe Familiensituation hineingeraten waren. Ich lernte unsere Kinder noch einmal neu kennen. Und ich lernte allmählich verstehen, was speziell unserer Familie wirklich helfen könnte: Augenscheinlich brauchten unsere Kinder mich, ganz gleich, ob ich das besonders gut machte.

*Nicht die Kinder mussten weg, sondern ich brauchte Unterstützung.* Hierzu war es hilfreich, eine Babysitterin ab und zu nachmittags einzugewöhnen (Betreuung im häuslichen Umfeld), damit ich die für die Rekonvaleszenz nötigen medizinischen Maßnahmen wahrnehmen konnte. Und eine Reinemachefrau einmal wöchentlich, das tat mir wohl. Irgendwann begann ich durchzuatmen und zu denken: Jetzt haben wir es geschafft, jetzt können wir eine Familie werden.

Als dann alle Kinder im Kindergarten bzw. in der Schule waren, hatte ich zunächst noch nicht das Bedürfnis, eine andere Arbeit als diese Familienarbeit zu tun, hatte ich sie mir doch mühsam erlernt und jetzt endlich war ich soweit, freier und souveräner diesen neuen Beruf auszuüben. Eine Nachmittagsbetreuung in einem Hort kam mir absurd vor. Die Kinder haben sich doch gegenseitig und dazu ein schönes Außengelände, das viele Spielformen zulässt. Außerdem beobachte ich täglich, wie unsere Kinder zur Belebung unserer Umgebung beitragen. Die Nachbarkinder sind täglich zu Besuch. Und viele ältere Menschen melden uns zurück, dass es ihnen Freude mache, wieder Kinder zu sehen, die auf der Straße Fangen spielen. Durch die Ghettoisierung in Hort und Krippen geht unsere Gesellschaft ihrer Kindheit verlustig...

## Kleine Reflektion

Warum kann ich heute lachen, obgleich ich aus einer Lieblingstätigkeit (Briefeschreiben, siehe oben) herausgerissen wurde? Was ist mit mir geschehen? Warum habe ich am "Herd" nicht mein Selbstbewusstsein verloren? Was hat geholfen? Ein wenig hat sicher geholfen, dass ich ein Mensch bin, der gerne durchhält, was er sich vorgenommen hat. Und dass ich keine Scheu hatte, mir Hilfe zu holen. Sicher habe ich die Entwicklung solcher Fähigkeiten auch dem Vorbild meiner willensstarken Mutter zu verdanken und einem Grundgefühl, in meiner Kindheit von Menschen begleitetet worden zu sein, die offen für mich waren. Sehr viel hat geholfen, dass ich als „Pflegemutter" eine gesellschaftlich anerkannte „Arbeit" verrichte und dafür Geld bekomme. Diese Arbeit unterscheidet sich aber meines Erachtens wenig von der Arbeit anderer Mütter und Väter. Sodass es mir immer wieder verrückt vorkam, wenn Menschen verständnisvoll sagten: Na, wenn Du Pflegekinder hast, ist es ja klar, dass Du zuhause bleibst!

Für mich ist das Geld und die gesellschaftliche Anerkennung meiner Arbeit deshalb hilfreich, weil ich allmählich verstehen lerne, dass die Entscheidung für ein solches Familienmodell genauso gefördert sein müsste, wie das heute immer stärker gelebte Modell zweier berufstätiger Eltern. Aber Wahlfreiheit geht eben nur, wenn sie finanzierbar ist. Den Gedanken, dass Familienarbeit *bezahlungswürdig* ist, musste ich übrigens erst denken lernen. Als ich mich zum ersten Mal im Jugendamt nach der Möglichkeit erkundigte, Kinder als Pflegekinder aufzunehmen, wusste ich gar nicht, dass es dafür eine Vergütung geben würde „Dafür bekomme ich wirklich Geld?"

Meine Vorstellung, dass allein die Kinder selbst, ihr „Bei-uns-sein-dürfen" mir Sinn und Zweck meiner Arbeit sein würde, mag naiv klingen. Diese Vorstellung kommt natürlich auch noch aus einem alten Frauenbild, wo die Mutter und Hausfrau keinen Lohn erwartete (sich aber anderseits noch der vollen Anerkennung ihrer Tätigkeit sicher sein konnte). Heute kann der Entschluss für ein solches Familienmodell nur noch aus Freiheit und in Absprache mit dem Partner gefällt werden, denn möglicherweise will ja lieber der Mann diese neue Rolle erproben. Bezahlt werden müsste dieses Modell allemal, soll es nicht in Selbstausbeutung enden. Was mir aber am Allermeisten geholfen hat, war die Anerkennung meines Mannes für meine Arbeit und seine starke Beteiligung, wo immer es möglich war. Mein Mann spielt als liebevoller Papa eine wichtige Rolle für unsere Kinder und kann diese Rolle dank seiner relativ flexiblen Arbeitszeit auch immer weiter erfüllen.

Und last but not least hilft, dass wir uns mittlerweile auf ein reales soziales Netzwerk stützen können, das sich *durch* die Kinder wie eine Hülle um unsere Gemeinschaft ausgebreitet hat. Es ist durch unseren Entschluss Familie sein zu wollen, gewachsen. In diesem Netz sind wir aber nicht nur Hilfesuchende, sondern immer stärker auch Hilfegebende, können auffangen, wo andere Familien jetzt ihre Anfänge üben, haben Zeit und Raum für andere.

## Nochmal Jetzt-Zeit

Und jetzt nach 10 Jahren: der Wiedereinstieg in meinen alten Beruf. Eigentlich müsste es ja korrekt heißen das „Hinzunehmen" des alten Berufes. Eine organisatorische Herausforderung. Noch habe ich nicht wieder eine „offizielle" Arbeit – aber eines weiß ich sicher: Ich werde nicht dem Ratschlag meines Beraters bei der Agentur für Arbeit folgen und bei Bewerbungen meine Kinder verleugnen, indem ich die Kinderbetreuung als „absolut gesichert" darstelle. Das ist sie nie! Und ich werde keinem Arbeitgeber nur die ehrenamtlichen Tätigkeiten aus meiner Familienzeit auflisten und den „Rest" dieser für mich entscheidenden 10 Jahre klammheimlich als „verlorene Lebenszeit" verstecken!

## Bezahlte „Mama-Berufe"

Die Tatsache, dass Erziehungsarbeit eine wertschöpfende Tätigkeit ist, wird sichtbar, wenn diese Fürsorgetätigkeiten ausgegliedert werden. Eine Erzieherin verdient immerhin mindestens 1.900 Euro brutto. Die öffentliche Finanzierung der Betreuungsleistung einer vollqualifizierten Tagesmutter liegt im Moment noch bei rund 75 Prozent, in Frankfurt sind das pro Kind bei einem Ganztagesplatz circa 700 Euro. Allerdings: „Eine leistungsorientierte Vergütung ist in vielen Kommunen noch nicht gegeben", stellt eine Studie über „Vergütung in der Kindertagespflege" von S. Sell und N. Kukula fest. www.bvktp.de/index.php?article_id=21&pub=260&sort=

In Anbetracht der Tatsache, dass Tagespflege mit Blick auf die Bedürfnisse von Kindern unter drei Jahren eine gesunde Betreuungsalternative ist, wird die Frage der Zukunft sein, ob und wie viel unserer Gesellschaft diese Betreuung im häuslichen Umfeld wert sein wird, wenn die staatlichen Subventionierungen mit Beendigung des Krippenausbaus gekürzt werden.

Ein anderer Blickwinkel eröffnet sich bei der Aufnahme von Pflegekindern. Bei Vollzeitpflege leben sie wie die leiblichen Kinder in der Familie. Im Gegensatz zu Letzteren erhält die Familie für Pflegekinder „Pflegegeld". Dieses beträgt – nach Alter gestaffelt und kommunenabhängig – zwischen 700 und 950 Euro. Ein kleiner Teil dieser Summe gilt als „Anerkennungsbeitrag" für die Erziehungsarbeit. Hauptsächlich aber wird der Sachaufwand entschädigt (Miete, Kleidung, Essen etc.).

Die Beispiele von Tagesmutter und Pflegemutter zeigen, dass die Politik einerseits die Betreuungsleistung anerkennt, andererseits auch die Kosten, die durch Kinder verursacht werden. Eine adäquate Bewertung von Familienarbeit in unserer Gesellschaft müsste also beiden Aspekten gerecht werden, der Erziehungsarbeit und den anfallenden Kosten für Kinder.

# Ich habe doch alles richtig gemacht – oder?

*Christine V. (52 Jahre, 3 Kinder) hat den Beruf Mutter als eigene Aufgabe und Berufung erkannt und mit Hingabe gelebt. Nach der Scheidung vom Vater der Kinder steht sie ohne offizielle Berufsbiographie da und ohne nennenswerte Rente. Es droht Altersarmut. Christine V. fragt sich, ob Mütter ein „gesellschaftlicher Systemfehler" sind.*

Ich war noch mitten im Studium, als ich meine Tochter Nadja bekam. Kinder kamen 1991 nicht unbedingt geplant. Und es war keine Frage, sie durften kommen. Ich habe mich riesig gefreut! Ich wollte Kinder, und jetzt war ich tatsächlich schwanger! Und als sie kam, war ich für sie da. Klar! Mütter kümmern sich um ihre Kinder. Voll und ganz! Das war keine Frage. Für die Mütter in meinem Umfeld war das Selbstverständlichkeit. War doch die Liebe und Fürsorge der Mutter der Garant für eine gesunde Entwicklung. Ja, und als dann noch unser behinderter Sohn und zuletzt unser jüngster Sohn kamen, habe ich mich mit vollster Hingabe in den „Mutterjob" hineingegeben. Ich war ja auf der „richtigen" Seite. Außerdem war der Vater der Kinder und mein damaliger Ehemann so deutlich besser verdienend, dass auch unausgesprochen klar war, dass er weiter seinem Job nachging und ich zu Hause blieb.

Meine Kinder hatten die ideale Kinderstube. Geregelte Zeiten für Frühstück, selbst gekochtes Mittagessen und liebevolles gemeinsames Abendbrot. Ein Garten zum Spielen mit Sandkasten und Schaukel, mit Gemüsegarten und selbstgezogenen Karotten, stimmungsvollen Grillabenden auf der Terrasse und Geburtstagen mit Stockbrot und Wasserbomben. Wir lasen die schönsten Kinderbücher und sangen am Abend Kinderlieder! Ich habe das geliebt. Und meine Kinder offensichtlich auch. Sie wurden liebevoll in Stoffwindeln gewickelt und in gut atmende Naturwolle gekleidet. Und ich war immer da. Immer. Sie konnten mich kochend, räumend, spielend, im Garten arbeitend erleben und neben mir in aller Ruhe Welt entdecken und sich entfalten. Ich habe sie bei Mumps gewärmt und Ohrenschmerzen und Halsweh mit ihnen durchgestanden. Für alle Belange der kleinen Kinderseelen, vom Zahnweh bis zu schwierigen Hausaufgaben und Liebeskummer hatten sie eine achtsame Begleitung. Und es war richtig schön bei uns zu Hause. Gute Laune, schöne Räume, wunderbare Oster- und Weihnachtsfeste und ausgelassene Geburtstagsfeste sowieso. Die Zeit war gut für uns – auch weil mein damaliger Ehemann uns durch sein Einkommen eine wunderschöne Wohnsituation ermöglichte und wir "sorgenfrei" leben konnten.

Meine „Arbeitstage" begannen morgens um sechs Uhr und endeten, wenn die Kinder gegen acht Uhr abends schliefen – meine „Anwesenheitspflicht" endete allerdings nie: Pippi machen, Trinken, schlechte Träume – klar, ich war da! Abendtermine außer Haus kamen nur in Frage, wenn der Mann mal da oder ein Babysitter bezahlbar war. Ich habe richtig viel gearbeitet. Täglich. Auch an Wochenenden. An allen Wochenenden! Das war doch alles richtig, oder? Ich meine, ich frag ja nur, weil ich jetzt, mit 51 geschieden und fast mittellos bin. Meine Aussicht heißt: Altersarmut! Meine Rente beläuft sich auf geschätzte 320 Euro. Alterssicherung mit 320 Euro? Was habe ich denn falsch gemacht?

Ich meine, weil es mich beruflich in dieser Gesellschaft gar nicht gibt? Das wollte die Dame beim Arbeitsamt doch ausdrücken, als sie sagte „Tut mir leid, Wiedereingliederungsmaßnahmen haben wir für Sie nicht! Sie sind am Arbeitsmarkt nicht existent!" Ah ja, stimmt, ich kann nicht in etwas wieder eingegliedert werden, in dem ich anscheinend niemals drin war. Gesellschaftlich gesehen ist es offensichtlich so, als hätte ich 20 Jahre lang nicht existiert und schon gleich gar nicht eine Arbeitsleistung erbracht, die über unsere kleine Familie hinaus wichtig ist. Aber ich habe doch gearbeitet! Und wie!!

Wie kommt denn diese Gesellschaft darauf, meine „Arbeit als Mutter" zu übersehen? Ich war doch da! Jeden Tag arbeitend von morgens bis abends. Liegt es daran, dass ich kein Einkommen generiert habe? Aber zum Mehrwert des volkswirtschaftlichen Einkommens habe ich doch beitragen. Auf jeden Fall nicht weniger beigetragen, als jede Erzieherin, Köchin, Gärtner, Krankenschwester, Taxifahrerin, Nachhilfelehrerin, die ja alle Geld bekommen, wenn sie diese Arbeiten für meine Kinder machen würden. Eigentlich müsste ich doch gerade besonders gewürdigt und anerkannt werden, wo ich noch nicht mal Geld dafür wollte!! Diese Anerkennung kann ich mir wohl schenken! Nicht nur, dass den Müttern die Existenz ihrer Arbeit durch „Nicht-Wahrnehmung" und „Nicht-Bezahlung" abgesprochen wird, jetzt wird ihnen auch noch ihre Würde genommen. Behaupten doch Studien heute, dass Kinder sich „besser" entwickeln, wenn sie NICHT von den Müttern betreut werden, sondern in

Kitas ihre „Sozialkompetenzen" ausbilden können! Ich meine, wieso kommt eine Gesellschaft überhaupt auf die Idee, ein Arbeitsfeld, nämlich das der Versorgung, Betreuung und Erziehung der eigenen Kinder, als „ehrenamtliche" Tätigkeit anzusehen?

Klar, wir Mütter schenken gerne! Unsere Liebe. Unsere Zeit. Unsere Fähigkeiten. Was wir Mütter diesem Staat schenken sind Milliarden Euro „unbezahlter Arbeitsstunden". Wäre doch herrlich absurd, wenn all denjenigen, die einer Arbeit nachgehen, die sie mit Liebe und Hingabe tun, das Recht auf Einkommen abgesprochen würde. Und dann kommen diese von uns mit viel Liebe erzogenen Erwachsenen dazu, solche Sätze zu sagen wie: Die Erhöhung der Rente für die Mütter kostet den Staat Millionen! Ist das nicht unglaublich ironisch? Was hat der Vater der Kinder kürzlich gesagt, während er mit leidender Miene und voller triefendem Stolz mir gegenüber saß „Weißt Du, ich habe mal gerechnet, ich habe schon 1 Million Euro für die Familie und die Kinder bezahlt!" Wow!!! Echt! – Gott Lob war ich schlagfertig und konnte antworten: „Ja ... und ich habe mit meinem GANZEN LEBEN bezahlt!"

Übrigens, ich habe nichts falsch gemacht. Ich würde es genau so wieder machen, auch wenn ich jetzt so hart dafür „bezahle". Der Preis, den ich zahle ist: niedriges Einkommen, niedriger sozialer Status, nicht vorhandene Berufserfahrung, Altersarmut. Das ist hart. Diese Quittung bekommt man nach dem „Mutterjob". Während der Mutter-Arbeitszeit war ich viel zu beschäftigt, um darüber nachzudenken. Aber wenn die Kinder selbständig werden, dann wird plötzlich klar, was ich heute und zukünftig dafür zahle, dass ich diese Familienarbeit geleistet habe. Und das bleibt den „Rest" meines Lebens, denn die 20 Jahre Ausfall von Einkommen, Anerkennung, Berufserfahrung und gesellschaftlicher Position lassen sich trotz enormem Einsatz nie mehr aufholen.

Aber ich bin auch reich! Ich habe mit meinen Kindern gelebt, ihre Kindheit in allen Phasen begleitet. Ihre und meine Liebe jeden Tag spüren können, diese Zeit bleibt in meinem Herzen. Wir waren zusammen, ohne Zeitdruck, ohne mit dem Auto von Termin zu Termin hetzen zu müssen, ohne unser Familienleben schon in den Leistungsgesellschaftstakt pressen zu müssen. Unser Leben hatte eine große Gelassenheit und viel Raum für Nähe, Zärtlichkeit, Begegnung, Auseinandersetzung und Berührungen. Die Kinder hatten Zeit, viel Zeit, ihre Erfahrungen und Entwicklungen machen zu können. Von dem Leben mit meinen Kindern zwischen Sonnenblumensamen und Apfelernte bin ich beschenkt, das kann mir keiner nehmen!

Klar, Altersarmut macht keinen Spaß und Anfang 50 noch beruflich einen Fuß in die Tür zu bekommen ist auch nicht witzig, – aber ich weiß, dass mein Schicksal ein gesellschaftlicher Systemfehler ist. Jetzt wird versucht, auf „meine Problematik" zu reagieren, indem Mütter Kaiserschnitttermine machen, damit sie so schnell wie möglich wieder „arbeiten" gehen können. Die Kinder werden dann kurz nach der Geburt in Wiegenstuben gegeben. So gibt es ganz bestimmt keinen Karriereknick und die Mütter werden so auch niemals von ihrem Partner abhängig… Doch: Die „Familie" als der „Ruhe- und Entwicklungsraum" der Kindheit wird zunehmend eliminiert.

Ich halte die gelebte Liebe zwischen Eltern und Kind für wesentlich! Und wenn diese keinen Raum mehr bekommt, weil der persönliche Status im Beruf, der Wohnstil, das Auto und das Bankkonto sowie die nächste Traumreise unter Stress und zunehmend gesundheitlichen Entbehrungen erarbeitet werden müssen, dann frage ich mich, wie viel menschliche Wärme, zwischenmenschliche Liebe und achtsames Miteinander so einer Gesellschaft in Zukunft noch erhalten bleiben werden.

## Das Märchen vom Generationenvertrag

Warum die Alterssicherung sozialisiert, der zugehörige Aufwand für Kindererziehung allerdings privatisiert ist, kann der Sozialstaat bis heute nicht rechtfertigen. In der Rentenreform 1950 konnte die ursprüngliche Idee, innerhalb der Gesellschaft nicht nur die Alterslasten, sondern auch den Aufwand für die Kinder umzuverteilen, nicht durchgesetzt werden. Jürgen Borchert weist in seinem Artikel in der Süddeutschen Zeitung vom 26.12.2014 auf diese „Verstümmelung des Generationenvertrages" hin: www.sueddeutsche.de/politik/sozialrichter-borchert-ueberhartz-iv-gesetze-ja-es-stimmt-ich-bin-zornig1.2281368

Der familienpolitische Korrekturbedarf wurde in einem Urteil des Bundesverfassungsgerichtes vom 7.7.1992 angemahnt. Es hatte eine Mutter geklagt, deren Kinder zusammen monatlich 8.500 DM in die Rentenkasse einzahlten. Sie selbst, die diese Kinder erzogen und auf das Berufsleben vorbereitet hatte, erhielt jedoch nur 347 DM Rente. In diesem Urteil hieß es, es dürfe nicht sein, „dass die Kindererziehung als Privatsache, die Alterssicherung dagegen als gesellschaftliche Aufgabe gilt. (...) Denn die als Generationenvertrag ausgestaltete Rentenversicherung lässt sich ohne die nachrückende Generation nicht aufrecht erhalten".

Reiner Sans kommentiert dieses und andere Urteile des Bundesverfassungsgerichtes im Online-Familienhandbuch: www.familienhandbuch.de/familienpolitik/sonstiges-familienpolitik/das-bundesverfassungsgericht-als-familienpolitischer-ausfallburge

Aktuell engagieren sich Eltern in einer Kampagne des deutschen Familienverbandes e.V. für Beitragsgerechtigkeit in den Sozialversicherungen. Vor dem Bundessozialgericht laufen Klagen zur Beitragsreduzierung. Im Herbst 2015 wird ein Urteil erwartet. www.elternklagen.de

# Meine allererste Aufgabe oder das ausverkaufte Modell

## Ein Drama in 7 Akten

*Zunächst hatte Susanne F. (50 Jahre, drei Kinder) ein ungetrübtes emanzipiertes Frauenbild. Doch zwischen Promotion und Kindergarten hin und her gerissen, entschied sie gemeinsam mit ihrem Mann, sich ganz der Familienarbeit zu widmen. Mit welchen Folgen sie allerdings nach einer Scheidung konfrontieren werden würde, konnte sie nicht ahnen: Das 2008 geänderte Unterhaltsrecht ließ Mütter in dieser gemeinsam gewollten Rollenteilung alleine.*

## Akt 1

Kinder? Dieses Kapitel habe ich in meinem Leben eher unerwartet aufgeschlagen. Nicht, dass ich nicht in Beziehung war, und nicht, dass ER und ICH nicht auch davon geträumt hätten... nur – mitten im Studium? Die entsetzt fragenden Augen meiner Eltern sind mir noch heute in deutlicher Erinnerung. Es gab große Pläne, große Projekte, z. B. die Welt verändern... und dann das Auslandstipendium auf den Philippinen. Ich war 26 und die Welt lag mir noch zu Füßen... Und dann dieses winzige kleine Bündel, das mir seine Hilflosigkeit mit offenem Herzen anvertraute.

## Akt 2

Als Studentenmutter ist die Doppelrolle noch ein Abenteuer. Man ist etwas Besonderes und der persönliche Einsatz für Wickeltische in Frauentoiletten macht einen sofort sichtbar. Also – eine Herausforderung, die noch prickelt. Als Studentenelternpaar fanden wir unsere Lebensform ideal für Elternteilzeit. Fairness für die berufliche Entwicklung beider Geschlechter. Gerechtigkeit in allen neuen Haushalts-

und Familienaufgaben. Es war keine Frage, dass ich mich als moderne emanzipierte Frau verstand: Wickeln, Kochen, Einkaufen und all die vielen unbenennbaren Handgriffe, die plötzlich anfielen, waren natürlich auch Männersache. Die alten Freunde, studierend, kinderlos, kamen gerne in unsere kleine Familienidylle und unsere Eltern staunten über unsere unbekümmerte Herangehensweise. Wir hatten viel Unterstützung! Sogar die bayerische Stiftung für Mutter und Kind engagierte sich finanziell, damit ich mein Studium auch wirklich nicht aus den Augen verliere.

## Akt 3

Mit einem familienfreundlichen Professor und einem Halbtagesplatz im Kindergarten steht nun der wissenschaftlichen Karriere der diplomierten Volkswirtin nichts mehr im Wege! Doch die Illusion wird schnell offensichtlich. Tausende Seiten von Literatur für die Promotion, Einkaufen, Essenkochen, Spielplatz, Erdbeerpflücken, Kindergeburtstag.... da hilft es auch nicht, dass ich Literatursichtung und Dozentenaufgaben auf nachts verschiebe. Ich entscheide mich für einen Kindergartenplatz mit Nachmittagsbetreuung. Mein emanzipiertes Frauenbild ist noch ungetrübt. Vormittags Diskurs über wichtige wechselpolitische Fragen, nachmittags Kinderlieder, Geschichten lesen und Dreirad fahren... so soll es doch sein? Ich versuche alles sehr gut zu machen... doch die Promotion kommt nicht voran, das Kind weint, wenn ich es abgebe, weint, wenn ich es abhole, hat wieder nasse Hosen... eigentlich hatte ich ein „pflegeleichtes Kind", das sonst gerne alles mitmachte und war auch selbst keine Mutter, die klammerte... doch mein Sohn litt an unserer Trennung, den vielen Eindrücken und den täglichen Unachtsamkeiten und Überforderungen der Erzieher. Plötzlich tauchen Fragen in mir auf, die ich so nicht kannte. Wer nimmt mein Kind wirklich wahr? Wer tröstet es? Wie kann ich sicher sein, dass der Raum, den es braucht, die Welt zu erkunden, ihm auch gegeben wird? Komischerweise – oder im Nachhinein interessanterweise – machte sich mein Mann keine Gedanken... Er hatte seinen Job – ich die Emotionen.

Meine Welt geriet ins Wanken! Nichts war mehr in Ordnung. Die Erleichterung, nicht kochen zu müssen, wich dem Blick auf eine lieblos bereitete Dampfkost und ich fragte mich, ob diese wirklich die Lebenskräfte zur Verfügung stellt, die ein kleiner Mensch für sein Wachstum braucht? Plötzlich fühlte ich das fehlende Heim, den ungestörten Raum freier lustvoller Entfaltung, diese terminfreie Oase, die es erlaubt, auch noch dem letzten Käfer im Gras nachzusehen und ohne die entsetzten Augen einer Erzieherin mit Freude die Pfützen spritzen zu lassen...

Ich stand am „Point of no Return". Glasklar erlebte ich alles, was ich nicht zur Verfügung stellen würde, wenn ich weiter hetze, wenn die angehende Doktorin der Volkswirtschaft den kleinsten zu entwickelnden Kosmos vergisst, den es JETZT zu schützen gilt! Dieses Kind war mein Kind und niemand konnte mir die Verantwortung abnehmen, es die Freude, die Schaffenskraft, die Kreativität und Sinnlichkeit des Lebens entdecken zu lassen... Nichts lag mir ferner...und nichts war mir nun näher als das Familienmodell „Mutter zuhause". Als Paar waren wir – ohne Trauschein – immer noch avantgardistisch. Aber dass unsere kleine Familie eine Innenwelt und eine Außenwelt hat, die nach Gestaltung und Verantwortung verlangt, das konnten wir nun beide fühlen. Und in keiner Entscheidung waren wir uns als Paar einiger, keine Entscheidung hat uns als Paar weiter voran gebracht als diese: Papa geht morgens ins Büro. Mama ist da.

## Akt 4

Aus eins werden zwei werden drei... die Welt wurde bunter, chaotischer, pädagogischer... Erziehen ist nicht gottgegeben und auch die immer zahlreicher erscheinenden Ratgeber waren nicht der Weisheit letzter Schluss. Während der eine das Gegenteil vom anderen behauptet, lerne ich, dass jedes Kind eine Frage an mich mitbringt – mindestens eine. Keine hörbaren. Aber die vielen neuen Lebens- und Konfliktfelder, die sich auftaten, forderten zur genauen Wahrnehmung heraus und ich übte, hinter den Alltagserscheinungen den Sinn zu verstehen: Mama – bist du da?

Mama – bist du wahrhaftig?

Mama – welche Welt zeigst du mir?

Mama – erkennst Du mich?

Kein Weg forderte mich mehr in meiner Entwicklung als der gemeinsame Weg mit meinen Kindern.

Kein Weg war letztendlich mit mehr Liebe gesegnet als dieser.

Kein Weg lehrte mich mehr begreifen, warum Authentizität, Achtsamkeit,

Loslassen, fragendes Beobachten, mitfühlende Autorität, Humor und Fröhlichkeit so unendlich wichtig für unser Miteinander sind! Letztendlich gehörten auch die Entscheidung für eine Ehe und die Entscheidung für eine Trennung zu diesem Weg... der Bruch mit der heilen Familienidylle...

## Akt 5

Dass mein Berufsverzicht und die Aufgabenteilung ein von uns Eltern gewolltes, uns als notwendig empfundenes Lebensmodell abbilden, daran sollte auch der Auszug aus der gemeinsamen Wohnung nichts ändern. War doch nun das neue Zuhause der Kinder als Quelle für Lebensvertrauen, Regeneration und Stabilität nach dem Zerbrechen der Partnerschaft noch bewusster zu gestalten! Die finanzielle Loyalität und Einsichtsfähigkeit meines (Noch-)Ehemannes unterstützten dieses Projekt und er entschädigte meine Familien- und Erziehungsarbeit mit einem für ihn möglichen Gehalt. Der Kleinste war ja erst vier. Und jeder nur zu ahnende Abschied verunsicherte ihn zutiefst. An Beruf war nicht zu denken und schon gar nicht an eine für den Wiedereinstig als notwendig zu erachtende Berufsbiographie! Wir lernten, kleine Brötchen zu backen. Der Lebensraum wurde enger, das Haushaltsbuch mein täglicher Begleiter, der soziale Abstieg begann. Aber mit dem liebenden Blick auf meine Kinder konnte mir das meinen aufrechten Gang nicht nehmen... Meine Anwesenheit schafften Hülle und Nestgefühl – lebensspendende Bausteine in Zeiten von Verlust und Trauer... Das war jetzt wichtig!

Denn obwohl der Schritt in die Arbeitswelt für eine alleinerziehende Mutter neben der sozialen Anerkennung vor allem auch den Beginn neuer wesentlicher sozialer Kontakte bedeutet, war es im Hinblick auf die größtmögliche Stabilität für meine Kinder mit nichts zu rechtfertigen, warum sie bei einer Trennung Vater und Mutter gleichzeitig verlieren sollten! Zudem zehrte die angestrebte berufliche Selbstständigkeit meines (Noch-)Ehemannes an meinen natürlich auch vorhandenen Bedürfnissen nach Neuanfängen. Seine Suche nach neuer Identität wurde mit Markterfolg und zunehmendem Einkommen erwidert. Meine Suche nach neuer Identität endete meistens abends beim Geschichten vorlesen, den Elternabenden von Kindergarten und Schule, den tagsüber unerledigten Hausarbeiten. Kein Erwachsener neben mir. Keine Großeltern, Schwiegereltern, kein Geld für einen

Babysitter... tiefe, tiefe Erschöpfung machten sich breit und meine unerlösten Kräfte, die Welt zu verändern, verloren sich in der Frage, was denn morgen schon wieder zu kochen sei. So war es denn auch kein Wunder, dass die eigentlich unüberhörbare Debatte über die Änderung des Unterhaltsrechts bei Scheidung nicht mehr an mein Ohr dringen konnte...

## Akt 6

Die Welt kippte! Alle Loyalitäts- und Verantwortungsbekundungen meines (Noch-) Ehemannes an unser gemeinsames Lebensmodell waren plötzlich nichtig. Eine neue Partnerin kündigte sich an und er wollte frei sein. Begriffe wie „Trennungsunterhalt", „Geschiedenenunterhalt" und „Kindesunterhalt" bildeten nun den Rahmen des Familienalltags. Dass ich mit seiner finanziellen Hilfe gerade eine größere Wohnung bezogen hatte, eine Krankheit an mir zehrte, und ich mitten in einer Ausbildung für einen beruflichen Neuanfang stand, zählte nicht. Alleine zählte, dass die zwei Kinder (der große war inzwischen zum Vater gezogen) – die ja älter als drei Jahre waren – vor dem Gesetz keine elterliche Betreuung mehr brauchten! Alleine zählte die „Erwerbsobliegenheit" der Mutter! Wäre es mir möglich gewesen, ich hätte die Gesetzesinitiatoren in meinen Haushalt gestellt und sie gefragt, wie sie es denn übers Herz bringen würden, die Kinder vor und nach der Schule nicht mehr zu betreuen? Sollten sie jetzt nichts mehr zu essen bekommen? Sollte ich jetzt nicht mehr einkaufen, kochen, waschen, putzen und Hausaufgaben betreuen? Sollte die Pflege und Gestaltung von Beziehungen und Freizeit nun aus der Welt der Kinder eliminiert werden? Sollten sie jetzt einfach nicht mehr krank werden? Wie konnte unsere Gesellschaft das Muttersein nur so denunzieren? Mein Unterhalt wurde innerhalb von drei Monaten eingestellt – eine Kündigung am Arbeitsmarkt hat immerhin einen einjährigen Schutz durch Arbeitslosengeld – der Kindesunterhalt wurde auf das Minimum gekürzt, da die berufliche Selbständigkeit des Vaters ja alle Ressourcen beanspruchte, und ich fand mich neben allen anderen schweren Schicksalen in der Warteschlange des Jobcenters wieder.

Von der Spirale, die nun anfängt, darf nur der reden, der sie erfahren hat. Der enge finanzielle Spielraum und die Scham darüber, der untersten sozialen Schicht anzugehören, führten mich ins gesellschaftliche Abseits. Die Tränen und die Scham der Kinder, in der Schule Essenskarten mit Jobcenterkenntlichkeit zu erhalten, brachen mir das Herz. Die Tränen der Mutter über ihre hochgehaltene Fahne eines ausverkauften Modells brachen das Herz der Kinder. Meine beruflichen Anfangserfolge verloren an Kraft und Vision... Die Angst vor dem 1-Euro-Job raubte mir die Nächte... Ich verlor mein Ich und damit meine Zukunft.

## Akt 7

Eine Politik, die Gesetze hervorbringt, die die sozialen, biografischen und wirtschaftlichen Folgekosten von Kindererziehung alleine den erziehenden Frauen zumutet, rechtfertigt sich mit Statistiken und Argumenten zur Unabhängigkeit der Frau...eine Politik mit Zahlen und Fakten, die den Blick für das Leben und damit zuallererst für die Kinder verloren hat. Mag es durchaus für einen Teil der Frauen eine große Errungenschaft darstellen, sich wie ein Mann gleichwertig am Arbeitsmarkt fühlen zu können, so ist trotzdem die Frage zu beantworten, warum frau in einer modernen Gesellschaft nicht selbst entscheiden kann, welche Art von Arbeit sie in Ihrem Leben für wichtig hält? Trägt sie doch mit ihrer häusliche Arbeit wesentlich zum Humankapital der Volkswirtschaft bei!

Die gesellschaftliche Relevanz einer gesunden Bindung und Erziehung unserer Kinder kann nicht hoch genug bewertet werden und wenn auch unser Staat die Institutionalisierung der Kindheit mit scheinbar modernen Argumenten vorantreibt, so sind und bleiben es die Mütter, die fühlen, was wahr ist. Eine unabhängige Berufswahl von Frauen wird es solange nicht geben, solange die Haus- und Versorgungsarbeiten einer Mutter nicht als gleichwertiger Beitrag zum Bruttosozialprodukt anerkannt sind wie jede andere produktive Arbeit und Dienstleistung. Die Beziehung zum Vater meiner Kinder hätte sicherlich eine gegenseitig respektvolle bleiben können, und die emotionalen Schmerzen eines Unterhaltskrieges müssten nicht die Kinder in ihre Zukunft hineintragen, wenn mein Beitrag zum gesellschaftlichen Wohlstand in Euro bezahlt worden wäre.

Seit März 2013 hat sich meine Rechtsposition gegenüber meinem Exmann wieder verändert, da die schamlose Entwürdigung tausender von Müttern und Ehefrauen anerkannt und teilweise rehabilitiert wurde. Ich könnte die Unterhaltsfrage als Entschädigung verlorenen Lebens neu aufrollen... den Kindern, die um alles in der Welt eine friedliche Beziehung ihrer Eltern ersehnen, ist damit nicht gedient. Die Frage, was Muttersein unserer Gesellschaft wert ist, bleibt... denn das Paarmodell für die gegenseitige Versorgung ist längst ein Auslaufmodell. Wenn die journalistische Berichterstattung gesellschaftlichen Randgruppen eine politische Aufmerksamkeit schenkt, die mit ihrer statistischen Relevanz keinesfalls zu rechtfertigen ist, dann frage ich mich, warum nicht auch die Mütter die politische Landschaft zu bewegen vermögen.

Wir sollten heute damit anfangen!

## Vom Wert der unbezahlten Hausarbeit

Die gesamte Wirtschaftsleistung einer Volkswirtschaft würde um mindestens ein Drittel steigen, wenn man die Eigenleistung privater Haushalte vollständig in die volkswirtschaftliche Gesamtrechnung (VGR) einbeziehen würde. Während man in der Schweiz versucht, mit Hilfe eines Satellitenkontos die volkswirtschaftliche Bedeutung dieser unbezahlten Arbeit zu erfassen – 2013 betrug der Anteil der Haushalte zum erweiterten Bruttoinlandsprodukt (BIP) immerhin circa 40 Prozent – wird die unbezahlte Hausarbeit beim statistischen Bundesamt in verbindlicher Anlehnung an das Europäische System Volkswirtschaftlicher Gesamtrechnung (ESVG) 2010 nicht in die volkswirtschaftliche Gesamtrechnung einbezogen und auch nicht mehr in Nebenrechnungen. www.bfs.admin.ch/bfs/portal/de/index/themen/03/06/blank/key/sat_kont/04.html

Besonders fragwürdig erscheint diese Tatsache, wenn man bedenkt, dass seit dem 1. September 2014 sogar schattenwirtschaftliche Aktivitäten, wie Waffenhandel und Drogenschmuggel zu erfassen sind. „Hingegen werden Mutterschaft und Familie als Risiken und Bedürfnisse, die Anlass für Sozialleistungen sein könnten, dargestellt. (...) Eine Definition bzw. Vorgaben zur statistischen Erfassung von Familienarbeit als volkswirtschaftlich relevante Wertschöpfung sind nicht vorgesehen." So in einer Anfrage im europäischen Parlament am 19.11.2014. www.europarl.europa.eu/sides/getDoc.do?pubRef=-//EP//TEXT+WQ+E-2014-009448+0+DOC+XML+V0//DE

Wenn Mutterschaft und Familie in der Betrachtung ihrer volkswirtschaftlichen Relevanz als gesellschaftliches Risiko verstanden werden, werden sie in ihrem herausragenden Beitrag zur Bildung von Humankapital nicht nur verleugnet, sondern auch in ihrer Funktion als notwendige Voraussetzung für Erwerbsarbeit.

Über die tatsächliche Relevanz der Familienarbeit als Beitrag zur gesamtgesellschaftlichen Wohlfahrt wurde schon 1998 auf einer Fachtagung zur Familienforschung diskutiert. Die in dem dazu veröffentlichten Sammelband „Neubewertung der Familienarbeit in der Sozialpolitik" von A. Netzler zusammengefassten interdisziplinären Beiträge enthalten auch Forderungen nach einem Erziehungsgehalt.

Sehr lesenswert ist auch der Artikel „Was Mama verdienen müsste!?" von Frauke Obländer-Garlichs (2012), die sich darin kompetent und mutig gegen die „haarsträubende Abwertung der Erziehungsarbeit von Eltern" wehrt. www.jako–o.de/medias/sys_master/8805269012510.pdf

# Ein eisiger Wind oder wie ich meinen Wocheneinkauf erledige

*Nach ihrer Scheidung stand Barbara S. (45 Jahre, drei Kinder) vor dem Nichts. Bedingt durch die Unterhaltsrechtsreform 2008 musste sie sich neben der Kindererziehung und Hausarbeit mühsam eine Ausbildung erarbeiten, um nicht völlig im gesellschaftlichen Abseits zu landen. Hätte sie das voraussehen können, dann hätte sie vielleicht anders geplant.*

Es ist Mittwoch. Mein „freier Tag".

Schon gestern habe ich bei K angerufen und einen Termin ausgemacht, wann sie mit dem Auto vor der Filiale des Discounters in der Innenstadt stehen soll. Sie wird mich abholen, denn ich tätige alle zwei Wochen meinen Großeinkauf. Hier zu Hause haben sich schon eine Menge PET-Flaschen angesammelt, und ich nehme doch besser gleich den blauen Müllsack. Die Flaschen, die noch nicht im Küchenkorb liegen, sammle ich in den drei unordentlichen Kinderzimmern ein. Hier und da stehen halbleere Flaschen herum. Der Achtzig-Liter-Sack ist bald gefüllt: eine gute Ausbeute, es sind bestimmt zehn Euro. Ich ziehe mich an und mache mich auf den Weg. Eine Frau – leider wohl auch jetzt im Winter ohne feste Bleibe – stellt sich bewundernd vor den prall gefüllten Sack: „ Klasse – das ist viel Geld, den Grünen einen Dank". Ich bleibe stehen. Sie sieht ziemlich verlottert aus und riecht ein wenig nach Alkohol. Ich rede mit ihr: „So habe ich das noch gar nicht gesehen!". „Na sehen Sie, ich ernähre mich davon... tschüss". Sie ist mir sympathisch – trotz ihres gewöhnungsbedürftigen Outfits. Außerdem: wenn ich an mir herunterschaue, dann sehe ich auch lockere Druckknöpfe am Mantel und Schuhe aus der vorletzten Saison. Sie halten jetzt seit zwei Jahren und die Gummisohle quiekt beim Gehen wie ein Meerschweinchen, was Warnsignale abgibt – ich habe aber genau diesen Schuh wegen seiner phänomenalen Haltbarkeit gleich noch einmal gekauft!

Ich setze meinen Weg fort am exklusiven Möbelgeschäft vorbei, welches in meiner Kindheit als Tante-Emma-Laden noch Obst und Gemüse feilbot. Ich erinnere mich gut, wie man mit dem Namen angeredet wurde und Rainer Werner Fassbinder dort sein Bierchen trank. Große Einkäufe wurden nach Hause gebracht und schlechtes Obst wurde zurückgenommen. An Weihnachten brauchte meine Mutter nur eine Liste mit ihren Einkaufswünschen abzugeben. Alles wurde zusammengestellt und geliefert. Das war sehr praktisch. Gute alte – aber spießige Zeit. Ich habe nun den Discounter erreicht. Ich stelle mich dezent und möglichst unauffällig an den seitlichen Flaschen-Rückgabeautomaten. Hoffentlich kommen jetzt keine anderen Leute. Wie oft bekomme ich schon wegen der Flaschenmenge Ärger. „Asozial" oder „Können Sie nicht außerhalb der Haupteinkaufszeit kommen?" sind die harmlosesten Kommentare. Und wenn ich in deren Körbe schaue, da finden sich wirklich höchstens zwei bis drei Flaschen versteckt. Meine Ausbeute am Flaschenautomaten beträgt heute zwölf Euro, ich bin zufrieden. Was da so an totem Kapital in der Wohnung liegt, dass reicht für einen Sack Kartoffeln, vier Packungen Spinat, eine Steige Eier – wir können alle davon satt werden! Nachdem die Räder beim ersten Einkaufswagen blockieren, klappt es beim nächsten dann doch, und schon jage ich durch die Gänge. Per Knopfdruck bestelle ich meine Brötchen am Backautomaten, und das Geld reicht sogar für zwei Croissants mit Nussgesprenkel – das ist Luxus. Der Bäckerladen gegenüber – von anderen weiß ich, dass der Inhaber sich caritativ engagiert – sieht mich kaum noch. Ich schäme mich. Die Bäckerin kenne ich schon seit Jahren. Vielleicht klappt es ja im nächsten Leben, dass ich mich wieder in die Reihe derer stellen kann, die von sich sagen können: Ich unterstütze kleine Läden, damit die auch leben können.

Da kommt das Regal mit den Süßigkeiten – ich werde auch immer dicker. Wohl auch ein Grund, warum mein Mann weggelaufen ist. Ich greife beherzt bei den Gummibärchen zu und denke an die Abende alleine auf meinem roten „Schnäppchen-Sofa". Nach der Trennung von ihm war ich mit drei Kindern – sechs, acht und elf Jahre alt zurückgeblieben. Da ich mein Studium wegen der Kinder abgebrochen hatte, stand ich vor dem Nichts. „Mach dir keine Sorgen! Ich bin immer für Dich und die Kinder da. Euch soll es an nichts fehlen", sagte er. Den ersten Schlag habe ich noch wie eine funktionierende Maschine verdaut – ich musste ja für meine Kinder stark sein! Dann eröffnete er mir zwei Wochen später, dass er eine Freundin habe und da alles sonst so stressig sei, sie nun auch gleich bei ihm einziehen werde. Ab diesem Zeitpunkt fing das Gemäkel an, ich sei ein Verschwender und würde zu viel Geld ausgeben. Die Ansicht ging konform mit der Novellierung des Scheidungsrechts 2008, das den Ehefrauen nun die Pflicht auferlegt, nach der Scheidung auch mit kleinen

Kindern schnell alleine für Lebensunterhalt, Haushalt, Betreuung und Erziehung zu sorgen. Hätte ich das zum Zeitpunkt meiner Eheschließung gewusst, dann hätte ich sicher anders geplant! Vielleicht hätte ich einen Ehevertrag aufsetzen lassen und gleich eine Ausbildung begonnen – trotz der beiden Kinder und einem Mann, der sich voll auf seine Karriere konzentrierte. Dann wäre es halt weniger mit ihm geworden! Mental unterstützt von meiner Schwester suchte ich mir nach der Trennung einen Ausbildungsplatz. Ich wollte Logopädin werden. Und da die nahegelegene Ausbildungsstätte meinte, ich solle erst einmal meine Scheidung verdauen – Logopädin sei ja schließlich ein therapeutischer Beruf – nahm ich das Angebot einer Logopädenschule in M an. Gott sei Dank, denn im Jahr darauf wurde diese Ausbildung nicht mehr vom Arbeitsamt gefördert.

Ich verdiente nun schon richtiges Geld – doch viel zu wenig. Denn jedes Mehr wurde bei der Unterhaltsberechnung sofort wieder abgezogen. Das Geld war nun richtig knapp. Eine sehr schmerzhafte und traurige Erfahrung. Mein damaliger Mann hatte mir kurz vor der Trennung noch ein neues Konto ohne Guthaben eingerichtet – fürs Haushaltsgeld, wie er sagte. Die anderen Konten liefen auf seinen Namen. Ich konnte auf nichts zurückgreifen. Fortan wurden Klamotten, Weihnachts- und Geburtstagsgeschenke sowie Haushaltsutensilien ausschließlich gebraucht erstanden und im Sozialkaufhaus nach einem Bett geschaut. Nach der Scheidung bekam ich wegen des neuen Scheidungsrechts auch keinen Betreuungsunterhalt mehr, die Kinder waren zu groß. Für sie, die ihre Mutter als immer sorgende und ansprechbare Person um sich gesehen hatten, war das nach dem Trennungs- und Scheidungsschmerz ein zusätzlicher Leidensdruck. Dazu kam, dass das nun neue, starke Ehepaar ständig gegen meinen dreißig-Stunden-Job anging und teilweise den Unterhalt für die Kinder streichen wollte. Meine Tochter wurde schließlich aufgrund der ständigen Diskussionen sehr krank.

Aber das sind Geschichten von gestern. Hier und heute ist mein freier Tag. Ich bin froh, dass ich eine dreißig Stunden-Logopädin bin. Ich könnte unser Leben zurzeit auch nicht anders bezahlen. Meine Wohnung pflege ich selbst (besseres Wort für putzen, Tipp von einer lieben Bekannten), den Wocheneinkauf besorge ich nicht mit dem Auto, sondern mit meinem – zugegeben sehr hässlichen – Looserwagen (Originalton der Kinder: auf keinen Fall gehen sie damit weg!), es sei denn, K holt mich ab wie jetzt (es ist aus Nächstenliebe und ich bin ihr sehr dankbar). Außerdem habe ich noch einen Zweitjob als „gute Fee“ in dem Haus, in dem wir wohnen. Aber die Kinder haben jeden Tag etwas von mir und ich unterstützte sie tatkräftig, damit sie nicht die Last zweier Haushalte zu sehr tragen müssen.

Es gibt neben dem oft anstrengenden Schultag und dem Tingeln für sie eine Menge an Aufgaben in der neuen Familie zu erledigen: Denn die Kinder haben nun eine – ich finde es auch – sehr süße kleine Halbschwester bekommen. Da das Ehepaar Vollzeit in der Finanzbranche arbeitet und sie ihre Tochter nur zweimal pro Woche von der Kita selbst abholen können, springen unsere Kinder an den anderen Tagen ein. Der Haushalt ist strikt durchorganisiert. Gekocht wird nur am Wochenende, unsere Tochter wäscht ihre Wäsche und die ihrer Brüder und alle Kinder gehen zusätzlich einkaufen. Jedes zweite Wochenende ist der Kleinfamilie vorbehalten, da dürfen unsere Kinder nicht kommen, vorgeschlagen wohl von der Paarberatung. Ein Pech insbesondere für meine Tochter, denn sie hängt sehr an ihrem Vater. Ich finde, Kinder sollten immer die Möglichkeit haben, zu ihren getrennt lebenden Eltern gehen zu dürfen und einen Platz dort haben. Nur das schafft eine Konstanz und Sicherheit, die sie auch an ihre Kinder weitergeben können. Ich schwenke in den zweiten Gang zu Mehl und Zucker. Am Samstag gehe ich zum Frauentreff. Dafür backe ich einen Kuchen. Die Frauen dort sind mir in letzter Zeit zu einer richtigen Stütze geworden. Viele haben den gleichen Lebensweg, das gleiche Schicksal wie ich. Nur eine hatte Mitleid mit meiner Nachfolgerin, und ich kann nur jedem raten, solche Gedankenspiele nicht zuzulassen, denn man steht als alleinerziehende Frau zwei starken, an einem Seil ziehenden Menschen gegenüber. Was wird wohl sein, wenn die Kinder aus dem Haus sind, ich nicht mehr erwerbstätig bin, mit meiner Kleinstrente dasitze und nicht mehr kann? Zu dumm, dass er für uns in den letzten Jahren nicht mehr in die Rentenversicherung, sondern in einen Fond auf seinen Namen eingezahlt hatte.

Manchmal habe ich den Alptraum, dass ich dann im Altenheim sitze, die Pflegerin kommt und sagt: "Frau M, ich bringe Sie jetzt auf den Gang zu den Anderen". Ich werde dann mit meinen Rollstuhl neben eine Frau gestellt, die ich von Bildern kenne. Es ist meine Nachfolgerin – die Kinder haben uns alle zusammen ins gleiche Altersghetto gesteckt – eine pragmatische Lösung aus Zeitgründen, es gibt halt keinen mehr zu Hause, der sich um uns kümmern könnte.

Sprudel und No-Name-Cola dürfen nicht vergessen werden. Am Wochenende haben die Kinder viele Freunde zu Besuch – ein Glas zum Anbieten muss möglich sein.

Außerdem möchte ich gerne wissen, mit wem die Kinder Kontakt haben. Dabei freue ich mich immer, was für eine ausgesucht tolle Wahl sie treffen. Zusammenkünfte draußen wie drinnen dürfen stattfinden. Da wird gegrillt, Silvester zusammen gefeiert und miteinander gelernt. Und oft schweifen ihre Gedanken in Zeiten zurück, in denen sie uns damaligen Vollzeitmüttern so kräftig auf die Nerven gehen konnten. Es war eine harte Zeit für uns Mütter. Die Möglichkeit, dass meine Nachbarinnen und ich unsere Kinder gemeinsam aufziehen und heranwachsen lassen konnten, verdanken wir der katholischen Kirche als Hauseigentümerin und einer weisen und sozial denkenden Hausverwalterin. Ich kenne viele Familien, die große Probleme bei der Suche nach einer familienfreundlichen Wohnung haben.

Vorbei geht es nun an der Kühltruhe mit dem Eis am Stiel – das essen die Kinder eigentlich heute noch gerne – denke ich. Der Wagen ist gefüllt, ich drehe zur Kasse. Zwei Männer mit Brötchentüten überholen mich und schauen auf meinen schwer beladenen Einkaufswagen. Ich beginne mit dem Auspacken. Der Einkauf bedeckt fast das ganze Band. Ich winke der Frau hinter mir zu, sie solle vor zur Kasse gehen. Sämtliche anderen hinter mir stehenden Personen sind nun beleidigt ob meiner schofelhaften, einmaligen Bevorzugung. Schließlich haben sie nur eine kurze Mittagspause! Ich lasse mich nicht mehr aus der Ruhe bringen. Warum auch? Ich nehme mir mein Pausenbrot für die Arbeit aus den Vorräten mit, die ich – wie jetzt – wöchentlich einkaufe. Tja, das ist halt Planung. Die Kassiererin ist leicht irritiert. So große Einkäufe gibt es in der Innenstadt kaum noch – der Trend geht zum sich nicht festlegenden Singlehaushalt. Sie ist so schnell, dass ich mit dem Einpacken nicht mehr nachkomme. Stetig wächst der Nahrungsberg hinter der Kasse, so dass die „ich-weiß-heut-nicht-was-ich-kochen-soll"-Verlegenheitseier auf den Boden knallen. „Da müssen Sie halt schneller sein" – ist ihre Reaktion. Ich bin sprachlos. Ich stelle die kaputten Eier beiseite und gehe. Die Sachen sind in zehn Minuten eingepackt. K wartet schon und fährt mich nach Hause.

Abends gehe ich nochmals in die Stadt. Ein Blick in die Pizzeria verrät mir, dass hier vor allen Dingen diejenigen Entlastung vom täglichen Kochen suchen, die morgens und mittags ihren Imbiss beim Discounter einkaufen. Whow – alleinverdienende Mütter und Kinder müssen draußen bleiben. Egal, denke ich. Die da haben meine tollen Kinder nicht.

Ich laufe weiter, trotz des eisigen Windes, der mir stetig ins Gesicht bläst.

## Von der Verantwortung der Ehegatten

Die moderne Emanzipation schuf ein Bild der unabhängigen Frau, das sich ausschließlich auf ihre finanzielle Selbstbestimmtheit gründet. Dieser Trend äußerte sich auch in der Neuregelung des Nacheheunterhaltes 2008, die in ihrer einseitigen Auslegung von Erwerbsverantwortung, für viele Frauen den sozialen Abstieg bedeutete: Eine Mutter sollte nach dem dritten Lebensjahr ihres Kindes dieses der Fremdbetreuung übergeben, damit sie voll erwerbstätig werden konnte, um den geschiedenen Vater von seinen Unterhaltspflichten zu entlasten. Der BGH musste korrigieren, so dass der Gesetzestext 2013 schließlich die weitreichenden biographischen Folgen der Rollenteilung in der Ehe wieder mehr berücksichtigt.

Dazu schreibt das Fachportal zum Familienrecht:

„Für den geschiedenen Ehegatten, der sich statt auf den Beruf zu konzentrieren, auf das Familienleben besonnen hat, war die Scheidung ein Sprung ins kalte Wasser, da der Ehegattenunterhalt unter dem Deckmantel der stärkeren Eigenverantwortung herabgesetzt oder begrenzt werden konnte (...)." www.unterhalt.net/ehegattenunterhalt.html

Auch nach der Gesetzeskorrektur bleibt das „rechtliche Konstrukt der Eigenverantwortung" vor dem Hintergrund des „Kindeswohl" weiterhin fragwürdig. „Die geschiedene Mutter mit Kind soll also im gleichen Umfang erwerbstätig sein wie der geschiedene Vater ohne Kind. Erziehungsarbeit ist nämlich in diesem höchstrichterlichen Verständnis keine Arbeit. Als Arbeit gilt offenbar nur die Erwerbsarbeit des Vaters. In dem Streit um den Betreuungsunterhalt des Kindes taucht das Wohl des Kindes gar nicht oder nur am Rand auf. Im Zentrum stehen Erwerbszumutungen der einen Seite gegen Unterhaltspflichten der anderen. Es streiten zwei, was für sie gut sei, ohne zu fragen, was für das Kind das Beste ist." Dr. Norbert Blüm: „Scheidungsrecht – Vorreiter der Verflüchtigung von Ehe und Familie".

zitiert aus: www.i–daf.org/fileadmin/leseempfehlung/Scheidungsrecht_–_Vorreiter_der_Verfluechtigung_von_Ehe_und_Familie_Dr_Norbert_Bluem.pdf

# Vom Mutterglück zum Berufsglück

*Mutterglück ist ein Geschenk. Heidi B. (49 Jahre, zwei Kinder) beschreibt, wie sie nach der Trennung von ihrem Partner versucht, die Gemeinsamkeit der Familie zu erhalten. Aus einer bewusst gewählten Mutterschaft eröffnet sich aber auch die unerwartete Chance für eine eigene Berufsbiographie.*

Ich wollte als Kind keine eigenen Kinder haben. Die Vorstellung allein machte mich unruhig. Für mich fühlte sich Kindsein wie kein anzustrebender Zustand an. Warum sollte ich das dann eigenen Kindern zumuten? Mit 21 begegnete ich meiner großen, neun Jahre älteren Liebe. Ich fand auch die Idee unerträglich, sich völlig abhängig von der Anerkennung und dem Geld eines Mannes zu machen. Trotz Heirat und äußerer Sicherheiten, hatte ich lange keine Lust schwanger zu werden, wie es mein Partner von Beginn unserer Beziehung an gerne gehabt hätte. Erst mal wollte ICH mit meinem Partner das Leben genießen, und dann kam erst mal lange nichts.... Erst acht Jahre später, tauchte in mir aus dem Nichts eine unbändige Lust auf, mir ein eigenes Kind zu wünschen. Bei jedem Blick in fremde Kinderwagen wurde dieses Gefühl intensiver. Und so erfasste wohl meine biologische Uhr die Regie, und ich erlebte, „sag niemals nie", das Leben läuft in unvorhersehbaren Phasen... Nach der Phase der totalen Kontrolle über meine Entscheidungen, wurde es für mich stimmig, mich für das Abenteuer Kind zu öffnen. Ich setzte die Verhütung aus und wurde direkt schwanger.

Noch während der Schwangerschaft fragte mich eine Bekannte bezüglich ihrer nahenden Selbständigkeit um Rat. Gemeinsam entwickelten wir ein kaufmännisches und kreatives Firmenkonzept, das es ihr ermöglichte, von zu Hause aus selbständig zu arbeiten. Kaum entwickelt, lud sie mich ein, ihre Partnerin zu werden und so geschah es.... Kurz vor der Entbindung sagte mir eine andere Bekannte einen Satz, der sich für mich wie eine grausame Drohung im Hinblick auf die bevorstehende Geburt meines Wunschkindes anhörte: „Und dann wird es auf Dir liegen, und Dir wird klar, dass Du es nie wieder los wirst!" Aber gottlob kam es bei mir ganz anders. Ich wollte mein Baby nach der Geburt nie wieder loswerden. Im Gegenteil!

Ich hatte das seltene Glück, eine kurze und heftige erste Geburt zu haben. Und als ich meinem kleinen Baby dann noch in seine kleinen, leuchtend klaren, neugierigen Äugelchen blickte, die mich offensichtlich kennen lernen wollten, passierte ES mit mir. Ich war mit einem Mal eine Andere und sah die Welt mit anderen, sehr dankbaren und glücklichen Mama-Augen. Der Himmel war blauer, mein Kind ein himmlisches Geschenk, und der Nabel meiner Welt, und mein „Nest" zentral bedeutsam. Sein Weinen tat mir physisch weh, als erlitt ich selbst einen Schmerz. Spürte ich das Ziehen in meiner Brust, wusste ich, dass es gleich vor Hunger aufwachen würde, was dann auch geschah. Dann legte ich es zum Stillen an, und es blickte mich während des Trinkens zufrieden an, und es legte sein kleines Händchen gemütlich auf meiner Brust ab, und wir genossen gemeinsam das dadurch frei werdenden Glücks-, Bindungs- und Kuschelhormon Oxytocin. Wir erlebten unzählige telepathische und heilige Momente verbundener Einheit wie diese.

Ich beobachtete, dass mein Kind nervös oder fordernd wurde, wenn ich zuerst an mich dachte, weil ich es eilig hatte oder Angst hatte, mit meinen Bedürfnissen zu kurz zu kommen. Ließ ich hingegen los und unterstellte ihm nicht, mich anketten oder manipulieren zu wollen, vertraute entspannt darauf, auch versorgt zu werden, waren wir beide entspannt. Das hatte ein Engel von Nachtschwester aus der Entbindungsklinik wahrscheinlich gemeint, als sie mir einen der für mich wertvollsten Tipps meiner frühen Elternschaft mitgegeben hatte: „Babys machen im ersten Lebensjahr nichts vorsätzlich um zu manipulieren, sondern haben echte Bedürfnisse, die man als Mutter und Eltern erfüllen darf: Sicherheit in emotional freundlich zugewandter Nähe und Verbundenheit, Hunger, Verdauung und Schlaf". Das berief mich von Anfang an in meine volle Verantwortung für mein Kind, beruhigte mich, unterstützte mich dabei, mir und meiner Intuition vertrauen zu lernen, sodass ich mein Baby verstehen und beruhigend auf es reagieren konnte. So wurde ich immer sicherer im Umgang mit meinem Kind und als Mutter. Als Reaktion darauf war mein Baby ausgeglichen, entspannt, fröhlich und schlief und aß problemlos. Die Geburt meines ersten Kindes hat mein Leben so nachhaltig wie nichts Anderes verändert. Ich fühlte mich plötzlich sinnvoll, gebraucht, achtsam und eins mit diesem zarten, und von mir abhängigen kleinen Wesen, und alles Andere verblasste daneben. Es war das Herrlichste, was mir je begegnet war, mich durch es bezaubern und verzücken zu lassen und sein Wachstum und Gedeihen während jedem seiner Entwicklungsschritte miterleben zu dürfen. Mein Glück war grenzenlos.

Ich erlebte es als eine Zeit des Loslassens meiner Selbst und meiner Ambitionen. Mein Instinkt und Körper durften nun die Regie übernehmen, und ich ließ mich gerne neu ein in diese, für mich neue Dimension des Lebens. Darin erlebte ich den Zauber eines neues Seins als Frau, Mutter und völlig neu erwachte erotische Partnerin. Je mehr ich mich an mein Kind und die Familie verschenkte, desto glücklicher und zufriedener waren wir alle drei, und so wurden wir Familie. Während mein kleiner Säugling den halben Tag verschlief, strotzte ich vor Unternehmungslust und Kraft. Ich organisierte mir punktuell Hilfe, die mich so entlastete, das ich dann, für uns alle stimmig, immer größere Schritte in meiner beruflichen Selbstständigkeit machen konnte. Durch die hilfreiche Unterstützung meines Mannes bei der Kinderbetreuung, konnte ich an Wochenenden eine Fortbildung in einem neuen Berufsfeld beginnen. Neu war vor allem, dass dieses von mir angestrebte Berufsfeld nun nicht mehr wie zuvor sachorientiert war, sondern sich ganz den Menschen zuwendete. Erst durch das Erlebnis meiner Mutterschaft, formte sich in mir dieses neue spannende Interessensfeld.

Ab der Geburt unseres zweiten Kindes zeigte sich bedauerlicherweise eine berufliche Krise meines Mannes, der bald eine sich zuspitzende Paarkrise folgte. Ich zog mit unseren Kindern nach 9-jähriger Ehe aus, als sie sechs und drei Jahre alt waren und hoffte, die räumliche Trennung würde uns befrieden und bewusst machen können, was wir Gutes an unserem Leben und aneinander hatten. Aber dem war leider nicht so. Vier Jahre danach ließen wir uns dann auf sein Drängen hin scheiden. Es war schmerzhaft, dass uns die Partnerschaft so entglitten war. Jetzt begann ein Leben und ein Ringen um eine neue Form unserer Familie und meiner Mutterrolle, und es folgten viele herausfordernde und schwere Jahre des Alleinerziehens, in denen ich meine neue Identität als Single mit Familie suchte. Während dieser Phase des Suchens nach einem neuen Gleichgewicht, gaben mir meine Freundinnen, mein allmonatliches Frauenfrühstück zum Thema „Gott in unserer Welt", mein Bibelkreis, meine Gemeinde und mein ehrenamtliches Engagement für Singles Halt. Aber auch meine Arbeit stärkte mich! Ich arbeitete während der Kindergarten- und Schulzeit meiner Kinder und wenn sie abends im Bett waren, zuhause, um so bei Ihnen sein zu können. An den Papa-Wochenenden und während der Schulferien machte ich über die Jahre hinweg weitere Aus- und Fortbildungen, um meine neu gefundene Form der Selbständigkeit weiter zu professionalisieren und tiefer in dieses Berufsfeld hinein zu wachsen.

Durch die Krankheit eines meiner Kinder motiviert fing ich an, die Zusammenhänge zwischen körperlichen Symptomen und Psyche verstehen zu wollen. Ich erkannte, was zu unserer auffälligen, und wie ich dann erfuhr, typischen Problemkumulation und zum Bruch in der Ehe geführt hatte. Ich verstand, dass Krisen in absehbaren Phasen ablaufen, und ihre Bewältigung lernbar ist. Ich ging in therapeutische und seelsorgerliche Begleitung, machte Familienaufstellungen, um meine Herkunftsfamilienlasten zu lösen, lernte den Umgang mit dem Thema Bindung und ihren Störungen und klärte für mich meinen fünfzig prozentigen Verantwortungsanteil am Scheitern unserer Ehe, was mit Heilungs- und Wachstumsschmerzen verbunden war. Durch den Spiegel, den mir meine Kinder als Mutter immer vorgehalten haben, und in den ich immer gerne geblickt habe und blicke, habe ich meine, aus meiner Kindheit existenten Grenzen hinterfragen, erweitern, überwinden und annehmen lernen dürfen. Meine Kinder sind meine besten Lehrer geworden. Und jeder Schritt beim Abbau meines persönlichen Trümmerberges und hinein in die volle Verantwortung für die Versöhnung mit meinem Schicksal, meinen Eltern, meinem Exmann und mir selbst, hat sich gelohnt! Es wurde alles zusehends leichter, freier und friedlicher.

Mit den Jahren glätteten sich meine Krisenwogen, und es stellte sich ein stabileres neues Gleichgewicht in mir ein. Unser zweites Kind wollte mit 13 Jahren zu seinem Vater ziehen, was ich unterstützen konnte. Wir schafften es immer öfter, an einem Strang für die Kinder ziehen zu können. Schön war und ist es, dass wir die Kinder so immer weiter aus ihrer schmerzlichen Scheidungszerrissenheit und ihren Verletzungen heraus begleiten konnten und können. Ich habe trotz allem meinen eigenen Weg in mein erfüllendes, für mich stimmiges Leben und in meine Berufung entfalten dürfen, was ich nun auch meinen Kindern wünsche! Denn nun sind sie an der Schwelle zum Erwachsenwerden, fangen an, das Haus zu verlassen, und ich bin in meiner „empty nest"-Phase angekommen. Dabei haben wir das Glück, ein Jahr lang wieder alle vier an einem Ort zu leben. Das gibt uns die wertvolle Chance, uns regelmäßig zu Familienabenden zu treffen und uns gemeinsam als Eltern um die vielen wichtigen anstehenden Themen unserer Kinder zu kümmern. Wir haben gemeinsam viel Spaß und gute Gespräche, was für unsere Kinder ganz neu ist. Sie wundern sich, wie gut unsere Kommunikation heute oft ist, und erleben ein Stück der guten Vergangenheit mit ihren Anekdoten und großer Vertrautheit, die uns als Paar auch, und trotz allem Trennenden, verbunden hat und verbindet!

Diese Stärkung kam gerade noch rechtzeitig, um unseren Kindern ein zusätzliches friedliches inneres Bild ihrer Familie zu vermitteln, bevor sie ihre eigenen Leben außer Haus gestalten werden. Ich bin SEHR dankbar dafür, dass uns diese Möglichkeit geschenkt wurde!

Ich hoffe, dass unsere Kinder trotz allem, was sie erlebt haben, vertrauensvolle Menschen werden, die voll herzlicher Liebe, Annahme und Barmherzigkeit für unserer aller, ach so menschliche Schwächen und Versagen, an einen guten und segensreichen Plan für ihr Leben glauben können, den Gott auch für sie bereit hält. Meine Erfahrung, „denen, die den Herrn lieben, wird ALLES zum Besten gereichen", gepaart mit dem Biss, an ihre gestalterischen Fähigkeiten in Krisen zu glauben, wünsche ich auch ihnen! Letzte Weihnachten haben mein Exmann und mein neuer Partner, rechts und links neben meiner Mutter auf dem Sofa sitzend, im Kreise meiner glücklichen Kinder und der ganzen Familie gemeinsam Päckchen ausgepackt, Mamis selbstgebackene Plätzchen gegessen und Weihnachtslieder gesungen, ein Bild, das sich mir voller Staunen und Wärme in meine Seele eingeprägt hat, und das uns alle weiter tragen wird. Wir alle gehören zu unserer Familie! Das erlebe ich als echtes Wunder der Weihnacht.

Rückblickend hatte meine an sich unerwartete Zeit als Mutter eine mein Leben verwandelnde Kraft. Als Mutter das Zentrum meiner Familie, und später dann meiner geschiedenen Familie zu sein, wurde erstaunlicherweise die zentrale Phase in meinem Leben. Ich hätte es nie für möglich gehalten, dass durch meine Mutterschaft meine Reifung zur verantwortungsvollen, beharrlich ausdauernden Erwachsenen so unterstützt werden würde. Im Spiegel der Liebe meiner Kinder wurde meine innere Heilung erleichtert, mir meine Berufung erst klar und bewusst möglich, und meine zwischenmenschlich-kommunikativen Potentiale konnten sich mit und durch sie weiter entfalten! Das Eingebundensein in meiner Kleinfamilie hat mir überraschenderweise gerade den notwendigen Halt bei alledem gegeben und als Sahnehäubchen noch dazu, unendlich viele ungeahnt humoristische Momente, Freuden und Türen ins Leben und in meine Berufung geöffnet.

# Was bleibt, wenn ich gehe

*Seit Jahren kämpft Sara R. (56 Jahre, zwei Kinder) mit ihrer Krebserkrankung. In Gedanken schweift sie zurück in ihre entbehrungsreiche Kindheit und beschreibt dann die eigene Familienarbeit. Frieden findet sie in der Gewissheit, dass ihre gemeinsame Zeit mit den Kindern etwas für die Zukunft geschaffen hat.*

Ich nutze meine therapiefreie Zeit und sitze im Wald auf einer Bank. Im Moment bin ich stationär untergebracht in einer Klinik für integrative Krebsmedizin. Die schulmedizinische Aussage lautet „unheilbar – wir begleiten sie". Der Wald – er tut mir sehr gut. Ich genieße die tolle Luft, höre die vielen Vogelstimmen und ich kann die gute Energie regelrecht spüren. Schon in den ersten zwanzig Jahren meines Lebens war ich sehr viel in der Natur. Sie hat mir schon immer die notwendige Überlebenskraft geschenkt.

Aufgewachsen bin ich als fünftes von sechs Kindern auf einem Bauernhof. Der nahegelegene Wald war mir als Kind noch etwas unheimlich aber auch faszinierend. So sehr hatte ich mir gewünscht, dass mein Vater mich mal begleitet und wir dort zusammen spazieren gehen könnten. Dieser Wunsch blieb leider unerfüllt. Mein Vater und meine Mutter mussten von früh bis spät arbeiten. Ich spürte, dass sie oft erschöpft waren. Die Mutter hatte mit Haushalt, Kindern, und mit der Versorgung des Hofes mit seinen Feldern und dem Weinberg sehr viel zu tun. Ich glaube, mein Vater war gerne Landwirt. Oft hat er aber auch damit gehadert. Viel lieber hätte er eine andere Ausbildung gemacht. Aber 1945 war eben so manches nicht möglich. So etwas wie Kinderbetreuung durch Opa und Oma gab es nicht. Im Kindergarten war ich insgesamt nur zwei Tage und habe schlechte Erinnerungen. Meistens hatte ich das Gefühl, einfach überflüssig zu sein und den Eltern nur noch mehr Arbeit zu machen.

Meine Grundstimmung war geprägt von innerer Einsamkeit und Traurigkeit. Oft bin ich dann an meinen Lieblingsplatz gegangen, an die in der Nähe unseres Hauses gelegene Quelle. Von dort aus konnte ich auch das Rufen meiner Eltern hören, wenn ich mal vermisst wurde. Gerne war ich dann auch bei den Tieren, besonders bei unserem Hund. Seine feine Energie konnte ich gut wahrnehmen. Bei den

Katzenbabys habe ich mich – gefühlt – stundenlang aufgehalten. Aus heutiger Sicht kann ich sagen, es herrschte Armut. Das Geld – es hat trotz sparsamstem Wirtschaften hinten und vorne gefehlt. Das erste Buch zum Beispiel, das ich bekam, war mein Schulbuch. Förderung von Talenten, unterstützende Beratung bei Problemen, Mut machen fürs Leben – wie sehr habe ich all dies vermisst...Manchmal frage ich mich schon, wie ich diese Zeit eigentlich überstehen konnte.

Es gab aber auch schöne Momente. An die Winter erinnere ich mich gerne. Es konnte etwas Ruhe einkehren. Gebastelt wurde dann mit dem, was vorhanden war. Zeichnen und Handarbeiten waren dabei meine liebsten Beschäftigungen. So ganz ohne Notendruck!! Alle meine Geschwister haben früh das Elternhaus verlassen. Nach meiner Schulzeit machte ich eine Ausbildung zur Arzthelferin. Danach folgte eine Ausbildung zur Augenoptikerin. Ich war mittlerweile in die Großstadt gezogen und hatte mir eine nette kleine Wohnung eingerichtet. Es war mir sehr wichtig, auch finanziell auf eigenen Beinen zu stehen. Die vermutlich aus Kindertagen stammende Angst, ich könnte in existenzielle Not geraten, konnte ich jetzt erstmal hinter mir lassen. Es folgte: Heirat mit 31 Jahren, Geburt der ersten Tochter mit 33 Jahren. Obwohl mir mein eigenes Gehalt Sicherheit und Unabhängigkeit bot, wollte ich nach der Geburt meiner Tochter zuhause bleiben. Der Seelenschmerz eines traurigen, vernachlässigten Kindes war noch immer in mir präsent. Für meine Tochter wollte ich da sein. Als ich 37 Jahre alt war, wurde meine zweite Tochter geboren.

Meinen Kindern das zu sein, was ich selbst schmerzlichst vermisst hatte, das war mir sehr wichtig. Nämlich eine Mutter, die Zeit hat für ihre Kinder. Die spüren kann, was in ihnen vorgeht und fühlt, wo der Schuh drückt – von Anfang an. So lernte ich eine feine, oft faszinierende Kommunikation mit ihnen zu pflegen, lange bevor sie sprechen konnten. Wären sie schon früh in einer Betreuung gewesen, wie hätte ich ihr Wesen und ihre Bedürfnisse so verstehen können? Besonders wichtig war mir, dass meine Mädels ihre Kreativität frei entfalten konnten. Sehr gerne habe ich in Farben und Bastelmaterial investiert. Davon gab es bei uns so ziemlich alles, was der Markt geboten hat. Auch mir hat es sehr viel Freude bereitet, mit ihnen „Kartoffelstempel" und Kürbisse zu schnitzen, mit Stoff-, Seiden- und Fensterfarben zu malen oder T-Shirts und Taschen zu batiken.

Natürlich gab es für mich auch Phasen der Frustration, Erschöpfung und des Zweifels. So manches Mal hat mir die Wertschätzung und Anerkennung einer beruflichen Tätigkeit gefehlt. Morgens in die Firma zu gehen und die Kinder gut betreut zu wissen – es gab durchaus Phasen, in denen dies die leichtere Wahl gewesen wäre. Über viele Jahre sind wir einmal die Woche auf den Bauernhof meiner Mutter gefahren. Oft kam auch meine ältere Schwester mit ihren beiden Kindern dazu. Eines Sommers saßen wir drei Erwachsenen auf der Terrasse und sahen unseren spielenden Kindern zu. Immer wieder kam ein Kind und wollte uns etwas zeigen, etwas fragen oder uns etwas erzählen. Plötzlich fing meine Mutter an zu weinen. Es wurde ihr schmerzhaft bewusst, dass sie uns so vieles nicht geben konnte von dem, was ihre Enkel jetzt erfahren – Zeit, Zuwendung und Förderung. Unter Tränen hatte sie uns um Vergebung gebeten.

Heute ist meine Mutter 91 Jahre alt und dement. Sie ist sehr einfühlsam und sehr besorgt um uns alle. Immer wieder fragt sie, ob es uns allen gut geht und ob wir auch alle gut versorgt sind. Ich denke manchmal, sie darf jetzt Gefühle zulassen. In den schweren Zeiten ihres eigenen Mutterseins war das oft nicht möglich. Ich habe sehr viel Wert darauf gelegt, dass auch meine Kinder die Freiheit in der Natur erfahren können. Besuche beim Hund, bei den beiden Ponys und bei den Hühnern oder einfach nur durch das weitläufige Grün zu streunen, dies bleibt ganz sicher für sie in schöner Erinnerung.

An dieser Stelle möchte ich mich bei meinem Mann bedanken. Er hat uns vieles ermöglicht, so dass wir trotz meines Verzichtes auf ein eigenes Gehalt ohne finanzielle Engpässe leben konnten. Natürlich hat auch mein Mann sehr von meiner Hausfrauentätigkeit profitiert – kranke Kinder, Schulausfall, vorzeitiger Unterrichtsschluss, Kindergarten bis 12:00 Uhr, Arzttermine, Musikunterricht und Sportverein. Da blieb ihm einiges an Zeit-und Organisationsstress erspart. Inzwischen sind unsere Kinder 18 und 22 Jahre alt. Die Große hat nach dem Abitur eine mehrmonatige Einmal-rund-um-die-Welt-Reise gemacht. Das Studium betreffend musste sie sich entscheiden zwischen Kunst und Physik. Sie hat sich für Physik entschieden und nach mehreren Semestern lässt sich sagen, es war eine gute Entscheidung. Sie fühlt sich an ihrem Studienort wohl, kommt aber auch gerne bei jeder Gelegenheit nach Hause. Ihre Schwester hat noch ein Jahr bis zum Abitur und will dann auch erstmal reisen, am liebsten auf einen anderen Kontinent. Sie wird auch dieses Jahr in den Sommerferien wieder mit vollem Einsatz und großer Begeisterung Kinder betreuen. Das jährliche Sommerferienprogramm des CVJM war für unsere Kinder immer einer der Jahreshöhepunkte. Einmal nicht dabei zu sein, weil es sich terminlich mit unserem geplanten Urlaub am Meer überschneiden würde, kam überhaupt nicht infrage. „Könnt ihr vergessen", war da zu hören... Also war es mir wichtig, dass sämtliche Sommerurlaube vor das Kinderferienprogramm gelegt wurden. Die Große hat mich vor kurzem gefragt, ob ich ihr das Stricken und das Nähmaschinenähen beibringen könnte. Es ist ihr bewusst, dass ich mal nicht mehr da sein werde und sie mich dann nicht mehr um Rat fragen kann.

Die Diagnose metastasierter Brustkrebs fordert mich auf, Lebensbilanz zu ziehen. Ich bin sehr dankbar dafür, dass ich in den wichtigen Jahren so viel Zeit mit meinen Kindern verbringen konnte. Das kann uns niemand nehmen. Es ist unbezahlbar. Es ist eine Freude für mich zu sehen, wie gut sie sich trotz aller Schwierigkeiten und Sorgen entwickelt haben. Sie bringen viele wertvolle Kompetenzen und soziale Fähigkeiten in diese Welt. Es erfüllt mich mit Stolz und ich erkenne, dass ich dazu viel beitragen konnte.

Wenn ich dann eines hoffentlich fernen Tages diese Welt verlassen muss – was würde mir bleiben von den für eine Firma geleisteten Überstunden? Was zählt an dieser Schwelle eine im Berufsleben erworbene Position? Ziemlich wenig. Was ich aber für meine Kinder tun konnte, das hat Bestand. Es wird ihnen hoffentlich viel Kraft, Mut und Zuversicht für ihr weiteres Leben geben. Meine Kinder zurücklassen zu müssen, meine Aufgabe als Mutter nicht mehr erfüllen zu können – es ist kaum vorstellbar.

## Ist Muttersein ein Makel?

„Arbeiten, Abkindern, Abgeben" heißt das erste Kapitel in Antje Schmelchers aufrüttelndem Buch: „Feindbild Mutterglück". Die Autorin zeigt hier auf, dass es für Frauen wieder "Denkverbote" gibt: „Wir können öffentlich artikulieren, unsere Kinder abgeben zu wollen. Über den Wunsch, bei ihnen zu bleiben, ist eine Verständigung kaum möglich." Die ökonomischen Ängste, die mit einem solchen Wunsch einhergehen, erklärt sich Antje Schmelcher damit, dass mittlerweile nicht nur Wirtschaft und Industrie, sondern auch Soziologie und vor allem der Feminismus dem ökonomischen Menschenbild huldige. Die ursprünglich angedachte Befreiung der Frauen in selbstbestimmte Lebensformen, sei zu einer Befreiung weiblicher Arbeitskraft für die Erwerbstätigkeit mutiert. Ihr Buch schließt daher mit den Worten:

„Der „kleine Unterschied" zum Mann scheint für ihn erledigt zu sein. Frauen können heute alles werden, von der Astronautin bis zur Bundeskanzlerin. Doch das, was in ihrem Leben alles verändert, ist die Matrix, die Gebärmutter, der große Unterschied. Er lässt sich nicht „gleichstellen", er lässt sich auch nicht wegrationalisieren. Es ist Zeit, den Feminismus weiterzudenken." Antje Schmelcher: „Feindbild Mutterglück – Warum Muttersein und Emanzipation kein Widerspruch ist", Orell Füssli Verlag, Zürich 2014

# Hommage an meine Mutter

*„Es gibt einen Fortschritt über die Generationen" davon ist Gabriele H. (55 Jahre, drei Kinder) überzeugt. Sie hat studieren, einen Beruf erlernen, ihren Kindern eine liebevolle Mutter sein können. Viel von ihrem Erfolg hat sie ihrer Mutter zu verdanken.*

Als junge Frau habe ich mich oft gefragt, warum meine Mutter nicht mehr aus sich gemacht hat: Wenn mein Vater unterwegs war, um seinen diversen Ehrenämtern nachzukommen, dann zog sich meine Mutter in die Ess-Diele zurück, baute ihre Nähmaschine auf und fing an, zu nähen. Als Kind leistete ich ihr manchmal Gesellschaft, ordnete ihren Nähkasten, wickelte durcheinander geratene Fäden auf. In der gleichen Ess-Diele war es, dass mich meine Mutter die ersten Englischvokabeln abfragte, die ich im Gymnasium zu lernen hatte. Sie fielen mir erstaunlich schwer: „Go back to your seat" – „geh' zurück zu Deinem Platz", war die erste Redewendung, die ich mir durch ihre Hilfe eintrichterte. Ohne ihre strikte Präsenz hätte ich das irritierend fordernde erste Jahr auf dem Gymnasium wohl nicht geschafft. Ich sehe sie heute noch immer an ihrer Nähmaschine sitzend, einen Faden abbeißend. Sie las Bücher von Johannes Mario Simmel, aber auch von Heinrich Böll. Sie durchschaute so vieles, hielt sich aber in der Öffentlichkeit hinter meinem Vater zurück. Ich verdanke ihr alles.

Ihr Traum war es gewesen, Tiefsee-Taucherin zu werden, aber in der oberbayerischen Provinz kam das in den 1950er Jahren nicht in Frage. Weil sie als Tochter eines Zimmerei-Besitzers es nach Ansicht ihres Vaters nicht nötig hatte, einen Beruf zu erlernen, richtete sie ihre erstaunliche Energie darauf, einen geeigneten Mann zu finden. Nicht den reichen, aber unsteten Hoteliers-Erben mit Mercedes wählte sie, sondern den mittellosen Fahrrad-Fahrer mit Potenzial. Sie wählte klug. Mein Vater liebte und ehrte sie ihr Leben lang.

Meine Mutter starb früh, bei einem Autounfall. Ich war damals 18. Dank ihres Testaments durfte ich studieren. Nachdem meine Mutter auf die andere Seite gewechselt war, durchlitt ich alles, vor dem sie mich eigentlich hatte schützen wollen. Ich wurde früh schwanger, als Studentin, heiratete, ließ mich scheiden und zog mit dem Kind in eine fremde Stadt, um Journalistin zu werden. Dort gründete ich eine neue Familie. Aus der großen Karriere, die ich mir am Ende meiner Schulzeit eigentlich vorgestellt hatte, wurde nichts – obwohl ich formal die gleichen Qualifikationen habe, wie mein erfolgreicher Ehemann. Ich bin nicht unglücklich. Ich habe mir den Freiraum erarbeitet, als Journalistin das zu schreiben, was mir wichtig ist und betreibe einen eigenen, kleinen Verlag. Das Erfolgreichste in meinem Leben aber sind meine Kinder: Meine mittlerweile 32jährige Tochter fragt mich um Rat, lässt mich an ihrem Leben teilhaben und geht mit mir Skifahren. Der mittlere Sohn erklärt mir die Kochrezepte, die er in seiner Berufsschule lernt und wir kochen sie, wenn er nach Hause kommt, gemeinsam nach. Und mein Nesthäkchen macht das, was mir als Kind völlig unerreichbar erschien: ein englisches College zu besuchen.

Es gibt einen Fortschritt über die Generationen. Meine Mutter wäre stolz und ich bin es auch.

# Mut zu vertrauen

*Marianne K. (53 Jahre, zwei Kinder) ist bereits 40, als sie ihr erstes Kind erwartet. Sie ist in der Natur, im Kreis einer stützenden Familiengemeinschaft aufgewachsen. Nach einer langen und erfolgreichen Berufslaufbahn war für sie die Zeit der Familiengründung gekommen und diesen Schritt ist sie vertrauensvoll gegangen.*

An meine Kindheit denkend, überkommt mich eine innere Wärme und Sicherheit. Die verdanke ich der Anwesenheit meiner Eltern und meiner Großmutter mütterlicherseits. Als Kleinkind bin ich – als jüngste von 4 Geschwistern – in dem satten Gefühl der Nestwärme aufgewachsen. Da ich das Glück hatte, in einem schönen Weingut, das Licht der Welt zu erblicken, bin ich in einer sicheren, durch die Gegebenheiten der Natur vorgegebenen Struktur aufgewachsen. Unser Jahresablauf war durch die Jahreszeiten und deren Anforderungen in den Weinbergen geprägt. Da meine Eltern „zu Hause" arbeiteten, waren sie immer „da". Selbst wenn ich mit meinem Vater im Weinberg unterwegs war, fühlte ich mich „zu Hause".

Schon als Kind hat es mich fasziniert, den Jahreskreis in den Weinbergen zu beobachten – beginnend mit dem Rebschnitt im Winter bei noch verschlossenen „ruhenden" Augen, die sich im Frühjahr zu Knospen entwickeln. Dann das erste zarte Grün, wenn die ersten Blättchen kommen, die je nach Jahrgang rasch heranwachsen. Der Fruchtansatz kommt fast unbemerkt und gipfelt in der Blüte, die meist im Mai stattfindet. Noch heute empfinde ich das jährliche Bangen meiner Eltern, und inzwischen meiner Brüder, um die Jahresfrucht, dass sie nicht durch Maigewitter oder die Maifröste Schaden nehme.

Wenn all das gut überstanden ist, kann man den Jahrgang nur noch pflegend und abwartend begleiten, um im Herbst eine hoffentlich gute Ernte einfahren zu können. Die jetzt beginnende Arbeit war sehr behutsam, denn jeder Jahrgang wollte in seiner individuellen Art ausgebaut werden – diesen Arbeitsprozess empfand ich immer als sehr verheißungsvoll. Außerdem war ich mit meinem Vater sehr gerne in Kelterhaus und Kellern unterwegs, denn dort roch es so gut!

Diese Anwesenheit meiner Eltern und ihre Grundeinstellungen zum Leben, gaben mir das sichere Gefühl des „Gewollt-seins" und des „Geliebt-werdens". Dieses gesättigte Urvertrauen, trägt mich bis heute. In Krisenzeiten – die es in meinem Leben auch gab – hat es sich als sehr tragfähig erwiesen. Und genau dieses Wissen ist grundlegend für meine Entscheidung, das an die nächste Generation, an meine zwei Kinder und auch an meine fünf Patensöhne weitergeben zu wollen.

In meiner Familie und in meinem Freundeskreis wurde ich als „mutig" empfunden, als ich im Alter von – immerhin schon – 39 Jahren heiratete und dann auch noch Kinderwunsch hatte. Für mich war das aber „ganz normal", obwohl ich auch gerne schon früher geheiratet hätte – aber nicht um jeden Preis. Für mich heißt das, dass meine Einstellung und Überzeugung von Ehe und Familie, die durch die Liebe getragen wird, nur mit einem Lebenspartner mit der gleichen Einstellung und Überzeugung gelebt werden kann, und einen solchen habe ich geheiratet. Auch hatte ich nie Angst, dass die biologische Uhr abläuft – denn im Gottvertrauen wusste ich, wenn es sein soll, dann wird es sein. So kam meine erste Tochter in meinem 41ten Lebensjahr gesund zur Welt und die zweite gesunde Tochter in meinem 44ten Lebensjahr.

Vor meiner Ehe war ich in einer leitenden Position berufstätig, was mir sehr viel Freude bereitete und auch recht erfolgreich war. Aus meiner Sicht hat im Leben alles seine Zeit, und als für mich die Zeit für Ehe und Familie gekommen war, hatte ich auch kein Problem meinen Beruf aufzugeben. Im Gegenteil, ich freute mich sehr auf meine Kinder und die Zeit mit ihnen.

Wir haben die Kleinkindjahre sehr bewusst und ruhig gelebt. Bei uns wird sehr viel gebastelt, und zwar zu allen Gelegenheiten. Bei Geburtstagen, für Tischdekoration von Familienfesten, für Weihnachtsgeschenke oder einfach Mitbringsel haben meine Kinder mit mir überlegt, womit sie anderen eine Freude machen können, und das wurde gebastelt, gemalt oder geschrieben. Wenn ich heute sehe oder spüre, wie sich meine Kinder jedes Jahr über den selbstgebastelten Adventskalender freuen, dann geht mir das Herz auf. Ich fühle mich in meine eigene Kindheit zurückversetzt. Übrigens bekommen wir Eltern, seit zwei Jahren, von unseren Töchtern einen liebevoll selbstgebastelten Adventskalender. Der erste kam als totale Überraschung – die den beiden gelungen war.

Eine grundlegende Erfahrung für mich als Jugendliche war die Möglichkeit, immer mal wieder bei meiner Großmutter zu wohnen. Diese Zeit war für mich „rückblickend" sehr wesentlich und hat mich, gerade in der Pubertät, geprägt – wofür ich heute noch dankbar bin. Meine Großmutter hatte eine sehr starke Ausstrahlung und zwar im Sinne von „Wissen". Sie hatte ja zwei Kriege erlebt und dabei ein Weingut aufrechterhalten. Als wir uns bewusster kennenlernten, war sie schon 78jährig und durch ihre Lebensspanne „altersweise und gütig". Allerdings war sie auch „streng aber gerecht". Genau diese Gerechtigkeit, für die Kinder und Jugendliche noch einen ausgeprägten – nicht *ver*prägten – Sinn haben, hat mir wohl getan! Beeindruckt hat mich ihre Fähigkeit eigene Fehler zugeben zu können, man bedenke die damalige Zeit.

Ich merke heute an den Reaktionen meiner Töchter, dass es ihnen gut tut, wenn ich mich in entsprechenden Situationen ebenso verhalten kann. Das habe ich dem Vorbild meiner Großmutter zu verdanken. Aus meiner Erfahrung kann diese Klarheit von Strenge und Gerechtigkeit sehr haltgebend sein. Das bedeutet für den Alltag oft eine zusätzliche Herausforderung, gerade oder zuerst mal an sich selbst. Dieses Vorbild in der Tat erlebe ich als orientierungsgebend.

Meine Großmutter war geprägt und getragen durch ihren gelebten christlichen Glauben, den sie an mich weitergegeben hat. Das war spürbar – nicht nur für uns als Familie –, sondern auch für all die anderen, die mit ihr in zahlreichen sozialen Ehrenämtern zu tun hatten. Sehr gerne erinnere ich mich an unsere Nachmittagsspaziergänge zurück – ganz nach dem Motto: „Nach dem Essen sollst Du ruh'n, oder 1000 Schritte tun." –, bei denen ich ihr sehr nah sein durfte und die respektvolle Art bemerkte, die andere ihr entgegenbrachten. Das hat mich Jugendliche stark beeindruckt.

Unser Spazierweg führte uns oft zum Friedhof, aber nicht in nachhängender Trauer, sondern in Verbundenheit zu unseren Wurzeln. So wurde es für mich selbstverständlich, mich in der Generationenreihe zu wissen. Erst viel später wurde mir bewusst, dass das wohl leider nicht für alle so sein kann. Dieses Wissen um die eigenen Wurzeln gibt mir für mein Leben starken Halt. Das möchte ich gerne weitergeben. Auch deshalb habe ich mich entschieden, mit den Kindern und für die Kinder „zu Hause" zu bleiben. Inzwischen sind meine Kinder 13 und 10 Jahre alt, und ich habe begonnen, an den Vormittagen wieder berufstätig zu sein. Ich habe mir bewusst eine ausführende Tätigkeit gesucht, nicht leitend wie früher, damit ich am Nachmittag den Kopf für die Kinder und ihre Anliegen frei habe.

Es würde mich sehr freuen, wenn meine Ausführungen dazu beitragen können, anderen Frauen und Müttern Mut zu machen – wieder – auf ihre innere Stimme zu hören. Wir Frauen und Mütter „wissen" doch im Grunde, was uns und unseren Kindern gut tut, und sollten uns nicht durch äußere Zwänge davon abbringen lassen.

Ich wünsche allen sich wieder mehr „zu trauen", mehr „zu vertrauen"!

# Und kein Applaus mehr

*Im Interview mit der Eurythmistin Maike L. (31 Jahre, zwei Kinder) wird deutlich, dass Muttersein auch Bereitschaft zum Verzicht bedeutet. Es sind dabei Fähigkeiten gefragt, die es vielleicht neu zu lernen gilt. Wie etwa Warten und Beobachten können.*

*Kulturtat familie: Du warst eine erfolgreiche Bühnenkünstlerin in der Bewegungskunst Eurythmie und hast als Dozentin für Eurythmie gearbeitet. Warum bist du nach der Geburt deiner Kinder zuhause geblieben? War das eine bewusste Entscheidung?*

Ja! Das eine sind in meinem Leben Ideale, und das andere ist mein Bestreben, auf das zu hören, was das Leben wirklich bringt, und auch auf das, was aus der Zukunft heraus werden möchte. So geht es mir auch mit meinen Kindern und der Verwirklichung meiner Ideale und Lebensziele. Ein Jugendtraum von mir war Sängerin zu werden und Mutter von vielen Kindern. Nun bin ich Eurythmistin geworden und habe zwei Kinder. Sie können hier auf dem Bauernhof groß werden, auf welchem mein Mann als Demeter-Landwirt arbeitet. Ich habe mich schon immer für die Entwicklungsphasen des Menschen interessiert und für mich daraus den Schluss gezogen, dass Kinder die ersten drei Jahre noch ganz eng mit der Mutter oder einer anderen festen Bezugsperson verbunden sind. Mein Wunsch war immer: wenn ich einmal Mutter werde, will ich den Kindern diese ersten drei Jahre zuhause ermöglichen und ich war neugierig, wie das konkret aussehen wird, ein solches enges Verhältnis zwischen mir und den Kindern.

*Und?*

Es ist unfassbar: Die Kinder schöpfen unmittelbar aus meinen Lebenskräften. Wenn es mir gut geht, ich Kraft und Energie habe, geht es den Kindern gut. Bin ich geschwächt, müde oder krank, merke ich, wie sie anfangen unausgeglichen zu werden und quengelig. Sie sind dann müde, fallen schneller hin, zerren an mir, so als ob sie sagen wollen: gib mir Lebenskraft! Auch wenn mal viel Betreuungswechsel stattfindet, sind sie hinterher anhänglich und müde oder sogar schon währenddessen. Das zeigt mir, wie wichtig es für meine Kinder ist, eine feste Bindungsperson zu haben, damit sie im vollen Besitz ihrer Kräfte bleiben und sich in ihrem eigenen

Tempo entwickeln können. Zuhause zu bleiben heißt für mich: auf das Kindeswohl zu achten und daraus zu handeln.

*„Achtsamkeit" ist ja in aller Munde. Wie sieht das konkret bei dir in Bezug auf die Kinder aus?*

Schon in der Schwangerschaft lebte ich mit der Frage: Was kann ich tun, um die Entwicklung meines Kindes zu unterstützen? So habe ich z.B. nur einen einzigen Ultraschall gemacht und auf viele Untersuchungen verzichtet, um das Kind nicht zu stören. Das Kind ist ja von Natur aus ganz verborgen in der Gebärmutter mit viel Wasser im Dunkeln der Bauchhöhle. Das ist so eine natürliche Geste, die wollte ich unterstützen, und nicht eine Video Live-Übertragung, ein Event daraus machen. Ich selber war allerdings sehr neugierig, ungeduldig und oft auch unsicher, doch ich habe es als Übung betrachtet, abzuwarten und auf die Natur zu vertrauen.

Und noch was. Für mich ist es, als ob ich für meine Kinder einen Seelenraum schaffe, in welchem sie selbstständig Erfahrungen sammeln dürfen und doch aufgehoben sind. Ich weiß immer, wovon mein zweieinhalbjähriger Sohn spricht und kann darauf reagieren. Zum Beispiel Erlebnisse aus der Vergangenheit, die in ihm hochkommen und von denen er sprechen möchte. Wenn jemand Fremdes dies hört, hat er keinen Anknüpfungspunkt, worum es sich handelt. Man kann richtig merken, wie wichtig es meinem Sohn ist, richtig verstanden zu werden, wenn er von seiner Innenwelt spricht. Oder, dass ich die Entwicklung meiner Kinder genau beobachten darf und mich mit jeder neu erworbenen Fähigkeit freuen kann und ihnen das widerspiegle. Heute kletterte mein fast einjähriger Sohn das erste Mal in eine Kiste rein und selber wieder raus. Das Strahlen auf seinem Gesicht war umwerfend.

Ebenso beobachte ich, wie anstrengend es für meine Kinder ist, dauerhaft in so frühem Alter mit vielen Kindern zu sein, wenn wir z.B. einmal die Woche in eine Eltern-Kind-Spielgruppe gehen. Dies macht den Kindern und insbesondere auch mir viel Freude, doch danach schlafen sie immer vor Erschöpfung von den vielen Eindrücken und Erlebnissen sofort im Auto ein. So ist es mir wichtig, selber auf die Balance in unserem Alltag zu achten, dass immer wieder Ruhe einkehren kann und ruhiges versunkenes Spiel zu zweien oder alleine stattfindet.

*Wie sieht so ein Tag bei euch zuhause aus?*

Morgens wachen wir zusammen auf, es wird gekuschelt und getobt. Das Mittagessen koche ich mit meinen Kindern, es wird vom Großen schon geholfen und von beiden kräftig mit probiert, was da so alles in die Töpfe wandert. Beide wollen bei der Hausarbeit so viel mithelfen, wie es ihnen möglich ist. Der Große räumt alleine die Waschmaschine aus, die Spülmaschine ist mit Hilfe von beiden so schnell leer, dass ich fast nicht hinterherkomme. Helfen scheint mir so ein Grundbedürfnis, und meine Aufgabe besteht eigentlich nur darin, immer was Passendes zu finden. Wenn wir in Ruhe unseren Alltag miteinander leben, gibt es viel weniger Gequengelt, und Eifersucht ist fast nicht da. Ich kann merken, wie es den Kindern gut geht, wenn alles in seinen rhythmischen Bahnen verläuft. Mir ist aufgefallen, dass ich selten kranke Kinder habe und wenn, dann war es höchstens eine Erkältung, die Zähne oder Fieber. Vielleicht habe ich da einfach Glück, vielleicht ist es aber auch der ruhige Rhythmus, den wir leben.

Mich begeistert an meinen Kindern die Phantasie, die sie im Spiel entwickeln. Das miterleben zu dürfen ist ein großes Geschenk. Wie mein Großer sich in die Wäschewanne setzt und dann ist sie ein Schiff, ein Zug, ein Auto. Wenn er ein Lenkrad braucht ist es einfach da in der Luft und wird später wieder abmontiert. Und dann das Spiel beider Kinder miteinander: der Große versteckt sich hinterm Sofa und der Kleine steht darauf und ist schon unter Hochspannung bis der Große wieder auftaucht, ein Geräusch macht, der Kleine juchzt und erschreckt sich zugleich und genießt es, in Interaktion mit seinem Bruder zu sein. Es ist wunderschön, gesunde, phantasievolle, vor Liebe und Neugierde strotzende Kinder zu erleben.

*Wie geht es Dir damit, Deine inneren Berufsideale, Karrierewünsche und Projekte erst einmal hinten anzustellen?*

Ganz ehrlich, es tat zu Anfang immer wieder schrecklich weh. Ich hatte zeitweilig, wie mein erster Sohn um ein Jahr alt war und ich mit dem zweiten Kind schwanger war und gar keine Kraft mehr für Extras hatte, das Gefühl, meine eigene Entwicklung ist auf dem Nullpunkt angekommen, bzw. geht rückwärts. Warum muss immer ich die Kinderbetreuung organisieren, wenn ich einmal einen Termin ohne Kinder habe und mein Mann hat die Kinderbetreuungsgarantie? Warum habe ich immer nur Zeit für eigene Projekte, wenn die Kinder abends schlafen und ich müde bin? Mittlerweile merke ich, wie ich durch die Kinder so viel Neues lerne. Es ist als ob ich einen ganz neuen Beruf ergreife. Es hat für mich viel mit Geduld zu tun, besserer Koordination und Bündelung von Aufgaben und Vorhaben, Gelassenheit üben, Loslassen. Immer wenn ich mich mit ganzem Herzen auf das Muttersein einlasse, ist es wunderschön.

*„Muttersein" „wunderschön" das klingt ein bisschen wie ein Märchen aus alten Zeiten. Was bedeutet Muttersein für dich?*

Das ist harte Arbeit, aber schöne! Die Jahresfeste gemeinsam vorzubereiten und zu erleben, neue Lieder, Reime und Fingerspiele zu lernen; ein Beet anlegen, zu pflegen, gemeinsam das Wachstum der Pflanzen beobachten und am Ende zu ernten. Das wirklich alles tun und nicht nur davon abstrakt reden. Bevor ich selber ans Kinderkriegen dachte, habe ich im Zusammensein mit Kindern immer erlebt, wie plötzlich eine Verlangsamung der erlebten Zeit eintrat. Da entstand das Bild in mir, in meinem Leben noch einmal die Möglichkeit zu bekommen, aus dem Stress und dem hohen Leistungsdruck des Berufes aussteigen zu dürfen. Nun ist genau das eingetroffen und zu Anfang fühlt es sich an wie eine Vollbremsung. Alles wird so still – keiner applaudiert mehr…

*Tritt dein Künstlerleben jetzt völlig in den Hintergrund?*

Nein, das wird nur neu definiert. Mit zwei Kindern ist ohnehin schon wieder mehr Beschleunigung und Dynamik eingetreten. Und wenn ich Anfragen für Kurse bekomme, nehme ich auch immer wieder welche an, wenn die Kinderbetreuung mit meinem Mann oder den Großeltern zu vereinbaren ist. Was aber noch viel spannender ist, dass ich ein anderes Bild von mir als Künstlerin bekomme, dass ich mit den Kindern in der Bewegungskunst Eurythmie wachsen kann. So gebe ich momentan immer mal wieder Kindergarteneurythmie und habe das Tanzmärchen mit meinem großen Sohn geübt und er lebt ganz in den Bildern dieses Stückes.

*Gibt es etwas, was dir noch wichtig ist zu sagen?*

Ich habe das Gefühl, dass es etwas ganz Neues und Inspirierendes sein kann, heutzutage als Mutter nicht mit dem Strom zu schwimmen. Zuhause zu bleiben und die Kinder nicht so früh wie möglich in die Kita zu bringen und die eigene Karriere zu leben, das scheint mir modern und mutig. Manchmal muss ich da verlockende Jobangebote ausschlagen, ohne die Gewissheit zu haben, die warten auf mich oder es kommt noch etwas Besseres. Darauf zu vertrauen, dass, wenn ich in den Beruf wieder voll einsteigen möchte, das Richtige schon kommen wird, das fällt nicht immer leicht.

Persönlich bin ich sehr dankbar, in einem finanziell einigermaßen abgesicherten Umfeld zu leben und auf Gleichgesinnte getroffen zu sein, sodass ich mit viel Freude und Leichtigkeit und Selbstverständlichkeit Mutter sein darf. Und die Zeit vergeht so schnell, und all das gerade Erzählte möchte ich nicht verpassen. Für Arbeiten im „herkömmlichen" Sinne habe ich noch so viele Jahre vor mir, auch wenn meine beruflichen Ideen manchmal übersprudeln und ich sie alle hinten anstellen muss, da momentan meine Priorität bei der Familie liegt.

Wenn ich mir etwas wünschen dürfte, wäre es, dass jede Mutter und jeder Vater den Mut hat, auf sein eigenes Herz und seine innere Stimme zu hören und danach handelt, dass wir wirklich frei werden von Zwängen, kulturellen Prägungen und Vorstellungen wie etwas zu sein hat. Daran arbeite ich.

## Von unseren Kindern lernen

Der renommierte Kinderpsychologe Wolfgang Bergmann war bekannt als Gegner frühkindlicher Fremdbetreuung und engagierte sich für eine differenzierte Betrachtung von Bindung und Bildung. Er war Leiter des Instituts für Kinderpsychologie und Lerntherapie in Hannover und Gründer der Stiftungsinitiative „Für Kinder" die auch die Zeitschrift „für uns – Das Magazin für mehr Lebensfreude" herausgibt. Als Anliegen der Stiftung formulierte er: „Es ist unsere Verantwortung, dafür Sorge zu tragen, (...) dass die Persönlichkeitsentwicklung unserer Kinder nicht wirtschaftlichen Interessen untergeordnet, sondern als wichtigste Aufgabe von Eltern verstanden wird." www.fuerkinder.org/die-stiftung/stiftung/was-wir-wollen

Noch von seinem Totenbett aus spricht er über die Lügen in einer Gesellschaft, die Kinderhaben als „Opfergang" versteht. „Wir lernen die Realität der Liebe an unseren Kindern (...). So wird in unserer Kultur die Grundlage gelegt für Ethik, für Mitgefühl, für Feingefühl (...)". Das sehr berührende 6-Minuten-Video finden Sie unter: www.youtube.com/watch?v=qZBWwjfcsQM

# Paukenschlag

*Als Anneliese K. (45 Jahre, vier Kinder) erfuhr dass sie schwanger ist, stand sie gerade vor neuen beruflichen Herausforderungen. Viele Fragen tauchen auf, bis ihr deutlich wird, dass sie auf diese Chance gewartet hat, sich für ein Leben zu entscheiden, das menschliche Werte vor „gesellschaftlich subventionierte Lebensentwürfe" stellt.*

„Einen alkoholfreien Apfelwein, bitte!", meine Freundin sieht mich erstaunt an. Leugnen lohnt nicht, denke ich, und erzähle mit besorgter Miene, dass mein Leben durch ein derzeit stecknadelkopfgroßes Etwas stark verändert werden wird. Ich stehe beruflich vor spannenden Veränderungen, habe einen großen Freundeskreis und bin eigentlich zufrieden. Und nun das. Wie würde ich mit der Diskrepanz zwischen meinem beruflichen Ehrgeiz und familiären Anspruch umgehen? Würden mich meine Freunde noch mögen, wenn sich mein Lebensschwerpunkt verlagert? Ist diese lebensverändernde Hausforderung gut für mich, gut für meinen Mann und mich? „Wenn ihr euch mögt, kriegt keine Kinder!", gab mir ein Kollege auf den Weg.

„Entweder Sie hüten ab sofort das Bett und stellen sämtliche beruflichen und privaten Aktivitäten ein, oder Ihr Kind wird nicht lebend auf die Welt kommen." Ich blickte den Arzt erschrocken an. War das tatsächlich die einmalige Chance, nach wenigen Wochen der Verunsicherung mein altes Leben zurückzubekommen? Nein, es war der Moment, der mir augenblicklich klar machte, dass ich auf die Chance eigentlich gewartet hatte, mein Leben neu zu orientieren. Ich hütete die nächsten Monate konsequent das Bett und als das Baby schließlich zur Welt kam, brauchte es viele Hilfen, um zu Kräften zu kommen. Hier, auf der Kinderstation, lernte ich, dass sich zum Wohle des Kindes die mütterliche Intuition der medizinischen Indikation unterordnen muss. Erst am zweiten Lebenstag konnte ich das Kindchen besuchen, Schlaf, Ernährung und körperliche Nähe wurden dem Klinikalltag angepasst. Wir konnten nur eines – zuverlässig und konsequent Da-Sein.

Wie wäre es gewesen, wenn sich unser erstes Kind wie die nachfolgenden leise in unser Leben geschlichen hätte? Wenn es, wie die anderen, nach dem ersten Seufzer der Geburt seinen Platz akzeptiert hätte, den wir ihm zugedacht hatten?

Ich weiß es nicht. Es war dieser Paukenschlag, der ein „weiter so" nicht zuließ und uns bereit machte, darüber nachzudenken, welchen Alltag wir uns und unserem Kind eigentlich wünschen. Wie viel Abgeschiedenheit und Ruhe in der Familie, wie viel Kontakt mit Gleichaltrigen in professioneller Betreuung brauchen unser Kind und wir, was macht ein erfülltes Familienleben aus?

Dabei merkten wir bald, dass auch unser Leben eingebettet ist in Gegebenheiten und Erwartungen gesellschaftlicher Gruppen. Sind doch fast alle Kinder nachmittags betreut und stehen damit als Spielpartner nicht zur Verfügung. Bleibt auch der Rechtfertigungsdruck, selbst nicht mehr am Bruttosozialeinkommen Deutschlands positiv mitzuwirken und die Rentenvorsorge zu vertun. Dazu kommt der unentrinnbare Vorwurf der schlechten Elternschaft: Kümmerst du dich um dein Kind und ermöglichst ihm Freizeitaktivitäten außerhalb der Ganztagsbetreuung, bekommst du das Helikopter-Prädikat. Lässt du ihm viel selbstbestimmte Freizeit, gilt die latente Gefahr der Verwahrlosung. Der einzige gangbare Ausweg erscheint die gesellschaftlich akzeptierte und finanzierte Ganztagsbetreuung: „Wenn du einen Krippenplatz bekommst, dann kannst du bald wieder einsteigen!" Na gut, denke ich, da hat die Gesellschaft in meine Ausbildung investiert, und ich koche Babybrei? Das passt nicht. Ganztagsbetreuung, das bedeutet für Kinder viele Spielkameraden und professionelle Förderung. Aber auch eine nicht unerhebliche Zeit der Trennung von den Vertrauenspersonen, der Belastung durch Lärm und unzählige Sozialkontakte. Entspricht dies unserer Vorstellung von selbstbestimmter Freizeitgestaltung und verantworteter Tagesplanung?

Wir hielten es wie in der Klinik und bemühten uns um eine ruhige, konsequente Begleitung unserer Kinder bei entstehenden Bedürfnisse und Fragen. Uns überraschte und verunsicherte die unverblümte, ehrliche und verletzliche Art der Begegnung mit der Welt, die besondere Ruhe, Zuwendung und Hingabe verlangt, welche im professionellen Kontext durch die gebotene Distanz und zeitliche Begrenzung nur aufblitzen kann. Wir erfuhren, dass „Qualitäts-Zeit" meist ungeplant stattfindet – was Tiefe, Umfang und Zeitpunkt angeht – und dass es verlässliche und stabile Beziehung braucht, um sie zu nutzen.

Ich hatte gute Bedingungen: Eine kreative Lösung mit meinem Arbeitgeber wurde gefunden und der erweiterte Familienkreis nahm zum Wohle aller Betreuungsaufgaben wahr. Inzwischen spielen, streiten, diskutieren unsere vier Kinder lautstark am Mittagstisch über die völlig überschätzte Bedeutung des Gemüses für die gesunde Ernährung und wissen ihr Miteinander meistens zu schätzen. Je älter unsere Kinder wurden, umso stärker weiten sich ihre Kreise, und Begegnungen mit Lebensentwürfen anderer Menschen werden wichtiger. Es braucht starke Kinder, die ihre Freiheit nutzen, die sich in Ruhe und Überlegung auf Beziehungen einlassen können und die sich nicht von gesellschaftlich subventionierten Entwürfen eines „richtigen" Lebensentwurfs vorschnell vereinnahmen lassen. Der Start in unser Familienleben war prägend: Wir mussten uns zum Wohle unseres Kindes den Bedingungen seines Lebensstartes unterordnen. Heute nehmen wir unsere Gestaltungsmöglichkeiten bewusst wahr, um unsere Kinder bei der Entwicklung ihrer eigenen Schwerpunkte zu unterstützen.

Es bleibt uns die Aufgabe, sensibel zu begleiten und bei Bedarf zuverlässig da zu sein.

## Selbstgewählte Lösungen für Frauen

An dieser Stelle möchten wir auf die Webseite, Veröffentlichungen und Aktivitäten von Birgit Kelle verweisen, da sie als mutige Vorreiterin eines modernen Feminismus kein Blatt vor den Mund nimmt und das Frau- und Muttersein als individuelle Lebensfrage in unser Bewusstsein bringt. „Der traditionelle Feminismus hat ausgedient." sagt Kelle.

Durch gezielte Öffentlichkeitsarbeit versucht sie Positionen sichtbar zu machen, die eine moderne, kinder- und familienfreundliche Frauenpolitik vertreten. Sie bemüht sich um die Vernetzung von Frauen, die die Diskriminierung ihrer Mutterrolle nicht mehr hinnehmen wollen. Auf ihrer Webseite ist in ihrer Vita über sie zu lesen: „Nachdem Frauen über Jahrzehnte darum gekämpft haben, nicht mehr von Männern vorgeschrieben zu bekommen, wie sie zu leben haben, will sie nicht hinnehmen, dass Berufs-Feministinnen und Politikerinnen nun die Rolle übernehmen, der Masse der Frauen einen bestimmten Lebensstil vorzuschreiben". www.*birgit–kelle.de*

Birgit Kelle ist Vorsitzende des Vereins „Frau 2000plus e.V." und einzige Deutsche im Board der „New Women for Europe" (NWFE), eines europaweiten Zusammenschlusses von Frauen- und Familienverbänden. Sie ist außerdem stellvertretende Bundesvorsitzende des Verbandes Familienarbeit e. V. und Sprecherin des Bündnisses „Rettet die Familie".

# Mutter / Mut Ter / Mut zu Terra der Erde

*Tara H. (54 Jahre, zwei Kinder) hat ihre Kinder unter Entbehrungen alleine groß gezogen. Verzicht und Erschöpfung begleiten sie. Woher hat sie ihre Kraft genommen?*

Während 30 Jahren Mutterschaft lebte ich 25 Jahre mit 2 Kindern alleine. Der Vater ging nach der Empfängnis des zweiten Kindes – er war emotional, sozial und finanziell abwesend. Ein Schlüsselerlebnis ermöglichte mir Orientierung und Gewissheit: Es war bei der Arbeit mitten in einer zwanzigköpfigen Kinderschar: Schlagartig wurde mir klar, dass es jetzt meine vorrangige Aufgabe ist, die beiden, mir durch das Schicksal allein anvertrauten Kinder durch die Wüsten und Oasen des Lebens zu führen bis sie selbst Führer ihrer eigenen Wege sein können. Die Ereignispräsenz dieser Erfahrung, die sich mir tief in die Seele einbrannte, schenkte mir in großartiger Weise eine bedingungslose Orientierungskraft.

Schwangerschaft, Geburt, Säuglingszeit, Kleinkinderzeit, Schulkinderzeit, Pubertät, Jugend und Erwachsenwerden von zwei Menschen als Mutter alleine begleiten. Jede Entscheidung alleine fällen: von der Frage, „in welche Windel wickle ich mein Kind?" bis hin zu: „welcher Schulabschluss macht Sinn?" Und: „Wie überlebt mein liebevoll gestilltes Kind den exzessiven, siebenjährigen Dauerstudienstress? Neben diesen konkreten Mutterfragen am Kind, trat unmittelbar nach der Geburt des Zweiten eine stetig parallel anwesende Bedrohung ins Bewusstsein: unser dreier Leben bedarf jeder Menge Geld, so schlicht wir es auch einrichteten – und das kam zunächst von der Insel Nirgendwo.

So begann ich parallel zu meiner hauptberuflichen Tätigkeit als Mutter eine zweite sehr intensive Arbeit. Ich baute mir selbstständig ein heil-künstlerisch orientiertes Berufsfeld auf, das meinen Neigungen entsprach und mit sehr großem Einsatz tatsächlich unseren Lebensunterhalt sicherte. Ein drittes mich forderndes Aufgabenfeld gesellte sich ungebeten dazu: die dreiköpfige Familie – wenn man eine Mutter mit zwei Kindern als Familie bezeichnen darf – brauchte neben Nahrung und Kleidung auch ein Dach über dem Kopf. Wände, Treppen, Dach, Heizung und die Außenanlagen unseres kleinen Häuschens aus den 30er Jahren waren sanierungsbedürftig. Für die berufliche Tätigkeit brauchte es ein Atelier. Um das Lebensumfeld der Kinder stabil zu halten, war Umziehen für mich damals keine Möglichkeit. So begleiten mich seit 30 Jahren Dauerbaustellen, die lebenspraktisch handwerkliche Fähigkeiten im Selbststudium für Mutter und Kinder ermöglichten und für mich ganz persönlich heute auch noch fortdauern.

Was gehört neben Haus, Hund, Hof, Kindern sonst noch zum Leben? Ein Mann? Der Vater der Kinder war existent und gleichzeitig nicht existent. Eine stetig anwesende Fragepräsenz in den Untergründen der Kinderseelen, nie jedoch lebenstragend, lebensstützend, lebenserhaltend. Wenige anderweitige Beziehungsversuche meinerseits scheiterten jäh. Mein Commitment galt: diese beiden Kinder begleite ich mit all meiner Herzenskraft bis zum Abitur – dieses Ziel hatte ich mir gesteckt – mein Wort zählte. Es gab ja auch kein anderes. Da hatte ein fremder Mann nicht wirklich Platz und der Vater meiner Kinder erwählte andere Frauen und weitere Kinder.

Freundschaften, alleinerziehende Mütter, Familien, Beziehungen leuchteten manchmal am Horizont auf – immer wieder gab es Menschen, die da waren. Doch wer konnte sich wirklich einfühlen? Wer konnte wirklich verstehen? Wer hatte tatsächlich Zeit? Wer vermochte einfach mal hilfreich zu sein? Als alleinstehende Mutter wird man zusätzlich auch schnell als Bedrohung erlebt für wackelnde Ehen im Umfeld. So waren wenige Menschen wirklich Wegbegleiter.

Vielleicht ist Durchhaltekraft eine der seelischen Qualitäten, die ich entwickeln durfte auf diesem modernen Individuationsweg – vielleicht auch eine unermüdliche Hoffnungskraft, dass alles wachsen möge – den Glauben an das Gute und die Sinnhaftigkeit in Schicksalsereignissen erfahren dürfen – vielleicht auch Vertrauen in eine Unerschöpflichkeit inmitten von Erschöpfung – und immer wieder die Freiheit Liebesfähigkeit im Innern zu erwärmen und dem Leben zu trauen!

Dichterworte waren mir Wegzehrung:

„ Ich setzte den Fuß in die Luft – und sie trug" (Hilde Domin)
„ Nicht im Stich lassen – sich nicht und andere nicht" (Hilde Domin)
„ Dem Wunder leise wie einem Vogel die Hand hinhalten" (Hilde Domin)
„ Alles ist austragen und dann gebären" (R.M.Rilke)

Es nagte in vielen Nächten die Einsamkeit, die Überlastung, die Schlaflosigkeit, das Gefühl niemals irgendwem und irgendetwas wirklich gerecht zu werden. Unter der Decke der Unmöglichkeiten trug ein unermüdlicher Mut durch die Zu-mut-ungen dieses Lebens – im Wort Mutter als Anfangssilbe enthalten!

Meine beiden Kinder konnten sich gesund entwickeln. Sie stehen als aufrechte, selbstständig verantwortliche junge Menschen in ihren jeweiligen Lebenszusammenhängen. Sie konnten die besonderen Qualitäten ihrer Individualitäten gut ausbilden. Meine mütterliche Hütung über die vielen Jahre hatte mitgeholfen, Substanz zu bilden. Inzwischen beginnen sie beide, ihre Fähigkeiten in erweiterte Kulturzusammenhänge einfließen zu lassen. Sie wirken aktiv gestaltend in Bereichen gesellschaftlicher Problemfelder der Gegenwart und leisten so wertvolle, innovative „Entwicklungshilfe" für terra – unsere Erde!

In meiner Biographie endet eine Mutter-Zeit jetzt mit dem Abschluss der physischen Gebärfähigkeit: die wechselnden Jahre toben. Noch einmal wallen die unter der vernarbten Haut eingeprägten Wundmale einer vergangenen Lebenszeit auf, bevor alles Geschichte wird. Wie geht jetzt ein Weg weiter zur Großmutter – zur Großen Mutter?

Gibt es sie, die Große Mut-terra, die unser aller Leben auf Erden trägt? War sie es, die meinen doppelten Boden in den Zeiten der Bodenlosigkeit webte?

Es gibt sie, die unerschöpfliche Quelle unter der Erschöpfung!

Mut zu Terra der Erde alltäglich neu entwickeln – das hat Lebensessenz gekeltert in über 30 Jahren.

DANKE!

# Mutterzeit

*Silke O.B. (51 Jahre, 2 Kinder) erzählt von ihrem lebenslangen Zeit-Nehmen als Mutter.*

Auch jetzt, wo der zweite meiner beiden Söhne sich aufmacht, das Elternhaus zu verlassen, merke ich, dass eines zu den wichtigsten Eigenschaften in meinem Mutter-Dasein gehört: Zeit zu haben! Das begann in der Schwangerschaft: das Kind erwarten! Die schönsten Momente waren die der Ruhe und Muße, das Lauschen auf das Kind, wie es sich bemerkbar macht, jeden Monat anders und immer deutlicher. Bei den Geburten ging es um die absolute Hingabe an das Geschehen. Jede Beschleunigung bedeutete einen Widerstand zu setzen, der sich in körperlichem Schmerz ausdrückte. Sich wach ganz auf den Rhythmus der Wehen einzulassen, sie in ihrem eigenen Zeitstrom zu empfangen und entlassen gab die Freiheit vom Schmerz, auch während der Presswehen.

Wenn ich an die Kleinkinderzeit meiner Söhne zurückdenke, überkommt mich das gute Gefühl, Zeit für sie gehabt zu haben. Die Kleinen leben ja noch ganz im Augenblick und verstehen Eile nicht. Immer da war es besonders erfüllt, wenn ich eben nicht schon an das denken musste, was gleich zu tun sei. Zum Beispiel sitze ich mit meinem 1,5 jährigen Sohn im Wohnzimmer. Unermüdlich probiert er aufzustehen, fällt, erhebt sich, wackelt, fällt zurück..., ein neuer Versuch und er steht da: ganz in Ruhe! Sein Strahlen füllt den Raum aus, eine Weile verharrt er so; dann macht er die ersten vier Schritte seines Lebens. Lange hat er sich Zeit dazu gelassen. Eindrücke wie diese begleiten mein Leben.

Der gleiche Sohn verunglückte 12 Jahre später schwer, kam an die Grenze zum Tod. Auf der Intensivstation konnte ich zunächst nicht mehr tun, als einfach für ihn da zu sein. Er spürte, dass ich bei ihm bin und beruhigte sich. Vor einem Jahr ist er ins Freiwillige Soziale Jahr an den Bodensee gezogen, wo er nun zur Berufsausbildung bleibt. Neulich, während eines langen Telefongespräches sagte er plötzlich: „Danke übrigens dafür, dass Du Dir immer Zeit für mich nimmst. Das ist ja nicht selbstverständlich."

Das Mutter-Sein hört nicht auf, wenn die Kinder aus dem Haus sind. Es muss neue Formen finden. Der Kontakt miteinander ist keine alltägliche Gewohnheit mehr und muss bewusst gesucht werden. Meine Kinder üben, selbst mit dem Leben klar zu kommen. Nicht selten brauchen sie mich noch als Beraterin. Dafür nehme ich mir Zeit.

## Nachgelesen

Erinnern wir uns? Erst sind es die Erwachsenen und dann die Kinder, die in Michael Endes Märchenroman „Momo" von den unheimlichen grauen Herren zu „Zeit-Sparern" umerzogen werden sollen. Deren menschenverachtende Ideologie entlarvt sich in folgenden Worten: „Den Eltern ist kein Vorwurf zu machen, denn das moderne Leben lässt ihnen eben keine Zeit, sich genügend mit ihren Kindern zu beschäftigen." Also werden die Kinder in sogenannte „Kinder-Depots" gebracht...

„Davon, dass sie sich hier selbst Spiele einfallen lassen durften, war natürlich keine Rede mehr. Die Spiele wurden ihnen von Aufsichtspersonen vorgeschrieben und es waren nur solche, bei denen sie etwas Nützliches lernten. Etwas anderes verlernten sie freilich dabei, und das war: sich zu freuen, sich zu begeistern und zu träumen." Michael Ende: „Momo", Thienemann Verlag, Stuttgart 1973, S. 186 ff.

# Nachwort

*Welch eine erschütternd traurige, farblose und kalte Welt skizziert Michael Ende da in seinem Roman? Sind wir auf dem Weg des „Zeit-Sparer"- Modells bereits uns selbst ausgeliefert? Oder sollten wir nicht vielmehr innehalten. Innehalten, um zu überdenken, ob MutterSein wirklich eine Aufgabe aus längst überholten Zeiten ist...*

## Ein Plädoyer

Die öffentliche Diskussion in der Familienpolitik hat die Frage nach individueller Erziehungsarbeit in den Hintergrund gedrängt. Die zunehmende Vielfalt gelebter Familienformen, die sich diesen Fragen stellen müssen, wird übersehen und bleibt im politischen Alltag kaum berücksichtigt. Die ganz persönlichen Einstellungen, Erfahrungen und Lebensbedingungen der Frauen, die ein Zuhause für Kinder bewusst gestalten, werden nicht gehört. Ihnen eine Stimme zu verleihen, war die Idee für dieses Buch, um ganz anderen – lebensnahen und lebensgemäßen – Aspekten, die vor allem das Kind und seine Bedürfnisse in den Mittelpunkt stellen, Raum zu geben. Um dies weithin und weiterhin sichtbar zu machen, brauchen wir den Dialog und die Solidarität einer Gesellschaft, die ihr Potential und ihre Zukunft in dem gesunden Heranwachsen Ihrer Kinder erkennt. Doch von den Kindern her zu denken ist nicht üblich. Der Zeitgeist unserer Politik spiegelt anderes. Das seltsame „Recht auf einen Krippenplatz" ist unseren Kleinsten kein Anliegen. Auch die Rechtsprechung in der Reform des Nacheheunterhaltes fokussiert sich einseitig auf die Erwerbsverpflichtung der Mutter und spricht nur am Rande vom „ Kindeswohl" - immerhin ein Rechtsbegriff. Und die älteren Kinder? Sie würden sich sicherlich nicht freiwillig ganztags behüten lassen.

Alle Berichte unseres Buches erzählen jedoch von Frauen, die jenseits dieses Zeitgeistes ihr MutterSein ernst nehmen. Frauen, die ihrem Gespür vertrauen. Egal, ob sie dem gesellschaftlichen Ruf der „modernen Frau" folgen, das Lebensmodell „Ehe" kündigen oder sich trotz ihrer beruflichen Chancen, für Familie entscheiden - sie fühlen die Bedürfnisse ihrer Kinder. Und sie stellen sich diesen. Im Wissen, durch die eigene Präsenz Räume zu schaffen, die Ruhe, Beziehung und Kreativität ermöglichen, lauschen sie dem Klang ihrer eigenen Mütterlichkeit...

In dieser Offenheit für das Wesen des Kindes liegt die Urgebärde von Schwangerschaft und MutterSein. Denn die Offenheit des kleinen Kindes braucht intuitive Sorge und Fürsorge. Egal ob wir dies bewusst, unbewusst oder gar nicht wollen, wir treffen eine Entscheidung - für stressreiche, unsichere Bindungssituationen genauso wie für ein ruhendes, liebevolles und schöpferisches Miteinander. Von diesem Umraum ist das Kind in seiner Entfaltung abhängig.

Wie schwierig es ist, für diesen Umraum Sorge zu tragen, wie Zweifel, Erschöpfung und finanzielle Not die Mütter dabei einholen, auch davon erzählen die Berichte – und machen betroffen. Sie zeigen uns Lebenswirklichkeiten, die zu schmerzhaften Konflikten werden. Sie schauen hin und beschreiben eine Gesellschaft, die den materiellen Verzicht für die Frauen im MutterSein vorausdenkt und realisiert. Sie erzählen uns, wie Mütter allein gelassen werden. In dieser Offenlegung familienpolitischer Feindseligkeiten leistet unser Buch einen wichtigen, wenn auch desillusionierenden Beitrag in Zeiten von Planbarkeit und Machbarkeit. Denn eine ernst genommene Verbindlichkeit gegenüber unseren Kindern muss heute vor dem Hintergrund der Auswirkungen einer inszenierten „Vereinbarkeitsidylle" gesehen und mutig genannt werden. Wer aber schützt Mutter und Kind?

*„Doing familiy"* - wie es die moderne Sozialwissenschaft nennt – ist der gemeinschaftsrelevante Aspekt der Familienarbeit. Dieser isolierten Betrachtung werden wir insofern zunehmend Bedeutung schenken müssen, da die traditionelle Familie in ihrer selbstverständlichen Rollenteilung als Modell für emotionale und finanzielle Sicherheit nur noch eine von vielen Lebensformen ist. Mit Blick auf diesen Trend scheint es notwendig und zukünftig, den durchaus volkswirtschaftlich wertschöpfenden Tätigkeiten der Hausarbeit und elterlichen Fürsorge eine herausgehobene Aufmerksamkeit zu schenken, so wie es *„doing familiy"* meint. Denn aktuell ist die nicht-erwerbstätige Mutter weitestgehend eine Arbeitslose, auch wenn sie weder in den entsprechenden Statistiken zu finden ist, noch formal daraus ableitbare Ansprüche formulieren dürfte. Erziehungsarbeit gilt immer noch nicht als „Arbeit" - egal ob im feministischen, gesellschaftlichen oder rechtlichen Verständnis - oder warum sonst kann unsere Politik einen Nacheheunterhalt verabschieden, in dem „die Mutter dasteht, als ob sie in der Ehe Ferien gemacht hätte"? (Norbert Blüm). Die darin enthaltene Verwirrung im Begriff „Arbeit", in dem notwendige

Tätigkeiten für eine funktionierende Gemeinschaft nicht selbstverständlich mitgedacht werden, lässt sich hier nur am Rande bemerken. Arbeit ist eben mehr als nur „Erwerbsarbeit". Insofern stellt die Auseinandersetzung mit diesem Begriff vor allem die Frage, was ist eigentlich sinnvolles Tun?

Eine klare Differenzierung zwischen *Mütterlichkeit* als Gefühl und Fähigkeit und der *Mutterschaft* als volkswirtschaftlich und gesellschaftlich relevante Tätigkeit würde helfen, alte und falsche Bilder in unseren Köpfen über „die Mutter" – ihre Idealisierung und ihre Verschmähung - zu überdenken und einer modernen Gesellschaft und den Bedürfnissen unserer Kinder anzupassen. Denn es ist nicht die Liebe zu den Kindern, unsere Sorge und Fürsorge, die Mütter verzweifeln lassen und ein Leben mit Kindern nachträglich in Frage stellen, sondern die Feindseligkeit und Unbewusstheit einer Entwicklung, die das *„doing mother"* finanziell entwürdigt und gleichzeitig davon lebt. Zu dieser Ausbeutung hat der Feminismus beigetragen. Doch Dagegen-Sein ist noch keine Freiheit. Die größte Herausforderung innerhalb der Emanzipation haben wir noch zu bewältigen, den Frieden mit der Mutterschaft. Denn Mütterlichkeit und Emanzipation müssen sich nicht ausschließen, sondern sind letztlich die zwei Seiten einer modernen Frauenfrage, die Selbstverwirklichung und Freiheit nicht mehr trennt. Die Suche nach den eigenen Idealen und das eigene Scheitern gehören dazu.

Im MutterSein erfahren wir einen Gewinn an Beziehungserfahrung zwischen den Generationen. Es ist ein nachhaltiger Gewinn. Auch wenn wir dabei Fehler machen. Denn Kinder fragen nicht nach der perfekten Mutter, sondern suchen Vorbilder, die auf dem Weg sind. Vorbilder, die die Herausforderung, sie ins Leben zu begleiten, bewusst ergreifen. Wir dürfen uns dabei verändern, unsere Vorstellungen von Glück und Wohlstand revidieren und verstehen lernen, dass auch Kinder Lebenslehrer sind. In vielen Berichten wird deutlich, dass dieser innere Prozess für die Frauen eine wesentliche Erfahrung darstellt.

Für die Zukunft wünschen wir uns deshalb, dass keine Frau einer anderen ihre Idee von Selbstverwirklichung vorhält. Es geht nicht darum, Frauen, die Erfüllung finden in ihrem Beruf, auszuspielen gegen Frauen, die das MutterSein als Berufung empfinden. Jede von ihnen bringt etwas zum Blühen und zusammen sind wir die Möglichkeiten weiblichen Seins.

Die gesellschaftlichen und finanziellen Rückmeldungen sind im Gegensatz dazu für jede Frau – je nach Lebensmodell – sehr unterschiedlich. Die Berichte bringen das nahe. Umverteilungen durch das Steuer-, Renten- und Unterhaltsrecht sind Alltag. Doch unabhängig von der finanziellen Abwertung aller Tätigkeiten rund ums MutterSein scheint es eine menschliche Katastrophe, dass mit dem Trend unserer Zeit diese Arbeit weder wertgeschätzt, ja nicht einmal wahrgenommen wird. Obwohl es im Wesentlichen der Schutz familiärer Gemeinschaften ist, der noch Raum für individuelle Persönlichkeits- und Wertebildung ermöglicht, auch jenseits der fragwürdigen Bedürfnisse unserer Statusgesellschaft. Geistige Freiheit und schöpferisch tätiges Menschsein sind die Voraussetzungen für den lebendigen und vielseitigen Diskurs in einer Demokratie, während staatlich institutionalisierte Erziehungsarbeit politisch gewollte Normen umsetzt und selten hinterfragt. Zukünftig werden wir uns deshalb als Gesellschaft damit auseinandersetzen müssen, ob wir die Mutterschaft als zur Tätigkeit kultivierte Mütterlichkeit begreifen können, die Schutz und Raum für die individuelle Entwicklung des Kindes ermöglicht. Mit Blick auf die zunehmenden Fürsorgetätigkeiten, die Männer in familiären Gemeinschaften leisten, wird deutlich vor welcher Kulturaufgabe wir inzwischen stehen. Denn: wie wir kleine Menschen ins Leben und in die Freiheit begleiten, so dass sie sich in ihrer Einzigartigkeit entfalten können, ist eine Frage des Bewusstseins. Wenn beide Geschlechter in dieser Aufgabe mehr Mütterlichkeit zulassen, werden es unsere Kinder danken.

Es geht für die Kinder um eine emotional geborgene Beziehungserfahrung. Denn Bindung ermöglicht Bildung. Und Beziehung ermöglicht Erziehung. Wer diesen Raum und diese Fürsorge zu Verfügung stellt, braucht den Schutz unserer Gesellschaft.

Deshalb wollen wir mit diesem Buch den Müttern, die das leise Gefühl der Ausbeutung nicht mehr überhören wollen, den Rücken stärken und auch für die jungen Frauen, den unverzichtbaren Wert von Mütterlichkeit und Mutterschaft sichtbar machen. Denn immer noch nähren wir unsere Daseinsberechtigung aus dem Spiegel gesellschaftlicher Anerkennung und nicht aus dem Sinn, den wir unserer Arbeit selbst geben könnten. Wenn Frauen sich unabhängig von gesellschaftlichen Trends mit ihrer persönlichen Verantwortung sich selbst und ihren Kindern gegenüber auseinandersetzen wollen, arbeiten sie jedoch unentdeckt an den freiheitlichen Werten einer modernen Gesellschaft. Zukünftig sollte es möglich werden, sich der Mutterschaft widmen zu können ohne finanzielle Diskriminierung und Selbstausbeutung.

„Jede Mutter hat Anspruch auf den Schutz und die Fürsorge der Gemeinschaft."
Artikel 6 Grundgesetz, Absatz 4

Unser Buch möchte somit einen Beitrag leisten zu einer modernen Frauenfrage, die die Errungenschaften des Feminismus nicht in Frage stellt, sich in ihren Antworten aber auch nicht von diesem beschränken lässt. Möge es vor allem junge Frauen ermutigen und inspirieren, der eigenen Freiheit gewahr zu werden und sich für mehr Wahlmöglichkeiten einzusetzen.

Sabine Mänken
Frankfurt, Mai 2015

## Zum Weiterlesen und Informieren

### Vereinbarkeit um jeden Preis?

Garsoffky, Susanne; Sembach, Britta: Die Alles-ist-möglich-Lüge. Wieso Familie und Beruf nicht zu vereinbaren sind. Pantheon Verlag, München 2014

### Welchen Arbeitsbegriff haben wir?

http://www.unbezahltarbeiten.wordpress.com/das-projekt/
http://www.stiftung-fraueninitiative.de

### Beruf Mutter – Ausbildung für Eltern?

http://www.safe-programm.de
http://www.familienbildung-in-frankfurt.de

Elser, Felicia: „Mutter als Beruf - ein Bekenntnis", in: Familie im Wandel, Flensburger Hefte 78, III/2002

### Frühkindliche Bindung

Böhm, Rainer: „Die dunkle Seite der Kindheit" in:
http://www.fachportal-bildung-und-seelische-gesundheit.de (19.5.2015)

Saßmannshausen, Wolfgang: "Die Kleinsten im Kindergarten – Spielball der Politik"
http://www.erziehungskunst.de/artikel/fruehe-kindheit/die-kleinsten-im-kindergarten-spielball-der-politik/ (19.5.2015)

## Die Enteignung der Kindheit

Blüm, Norbert: „Freiheit!"
http://www.zeit.de/2012/12/C-Bluem (22.5.2015)

## Krippenausbau und Wahlfreiheit der Eltern

http://www.bmfsfj.de/BMFSFJ/gesetze,did=133282.html
http://www.change.org/p/bundesministerium-für-gesundheit-rettet-die-kindertagespflege

## Familiengerechtigkeit in der Sozial- und Steuergesetzgebung

Urteile des Bundesverfassungsgerichtes zur Familienpolitik zusammengefasst bei:
http://www.familienhandbuch.de/familienpolitik/sonstiges-familienpolitik/das-bundesverfassungsgericht-als-familienpolitischer-ausfallburge
Borchert, Jürgen: „Der kalkulierte große Zorn", SZ vom 19.08.2013
http://www.sueddeutsche.de/wirtschaft/sozialrichter-juergen-borchert-der-kalkulierte-grosse-zorn-1.174940 (19.5.2015)

Borchert, Jürgen: Sozialstaatsdämmerung. Riemann Verlag, München 2013
Ausschnitte dieses Buches von Jürgen Borchert als Zusammenfassung bei i-daf (Institut für Demographie, Allgemeinwohl und Familie e.V.)
http://www.i-daf.org/aufsatz-des-monats/select_category/58.html (19.5.2015)

## Bezahlte Mama-Berufe

http://www.bvktp.de
Sell, Stefan; Kukula, Nicole: „Leistungsorientierte Vergütung in der Kindertagespflege" in: http://www.bvktp.de/index.php?article_id=21&pub=260&sort= (19.5.2015)

## Das Märchen vom Generationenvertrag

Borchert, Jürgen: „Ja, es stimmt: ich bin zornig", SZ vom 26.12.2014
http://www.sueddeutsche.de/politik/sozialrichter-borchert-ueber-hartz-iv-gesetze-ja-es-stimmt-ich-bin-zornig-1.2281368 (19.5.2015)

http://www.familienhandbuch.de
Sans, Reiner: „Das Bundesverfassungsgericht als familienpolitischer Ausfallbürge" (16.03.2010)
http://www.familienhandbuch.de/familienpolitik/sonstiges-familienpolitik/das-bundesverfassungsgericht-als-familienpolitischer-ausfallburge (19.5.2015)

http://www.elternklagen.de

## Vom Wert der unbezahlten Hausarbeit

http://www.bfs.admin.ch/bfs/portal/de/index/themen/03/06/blank/key/sat_kont/04.html
http://www.europarl.europa.eu/sides/getDoc.do?pubRef=-//EP//TEXT+WQ+E-2014-009448+0+DOC+XML+V0//DE

Obländer-Garlichs, Frauke: „Was Mama verdienen müsste!?" in Jako-o. Familienmagazin 1/2012:
http://www.jako-o.de/medias/sys_master/8805269012510.pdf (19.5.2015)

Netzler, Andreas; Opielka, Michael (Hrsg.): Neubewertung der Familienarbeit in der Sozialpolitik. Leske + Budrich, Opladen 1998

## Von der Verantwortung der Ehegatten

http://www.unterhalt.net/ehegattenunterhalt.html
http://www.i-daf.org/fileadmin/leseempfehlung/Scheidungsrecht_-_Vorreiter_der_Verfluechtigung_von_Ehe_und_Familie_Dr_Norbert_Bluem.pdf

Largo, Remo H.; Czernim, Monika: Glückliche Scheidungskinder. Überarbeitete Neuauflage. Piper Verlag, München 2014

## Ist Muttersein ein Makel?

Schmelcher, Antje: Feindbild Mutterglück. Warum Muttersein und Emanzipation kein Widerspruch ist. Orell Füssli Verlag, Zürich 2014

## Von unseren Kindern lernen

Bergmann, Wolfgang: Stiftungsinitiative „Für Kinder" siehe:
http://www.fuerkinder.org
http://www.fuerkinder.org/die-stiftung/stiftung/was-wir-wollen (19.5.2015)
http://www.youtube.com/watch?v=qZBWwjfcsQM (19.5.2015)

## Selbst gewählte Lösungen für Frauen

Homepage Birgit Kelle: http://www.birgit-kelle.de
Vita Birgit Kelle: http://www.birgit-kelle.de/Vita4.0.html (19.5.2015)

## Immer noch aktuell

Ende, Michael: Momo. Thienemann Verlag, Stuttgart 1973

Quell
36
Feuer
Erde
Wasser
Luft
Natur-
kosmetik
Gut gepflegt von Kopf bis Fuß

Die Zeitung Quell
Thema der Sommer-ausgabe 2015:
Naturkosmetik

# Quell: Der Verlag für nachhaltiges Leben

Nachhaltigkeit hat viele Facetten. Sie reichen vom Dreiklang von Ökologie, Ökonomie und Sozialem bis hin zum bewussten Konsum.

Mit seinen Publikationen widmet sich der Quell Verlag dem Thema Nachhaltigkeit in allen Lebensbereichen:

Die Zeitung Quell berichtet vierteljährlich über Konsumentscheidungen und Verhaltensweisen, die zu einem nachhaltigen Lebensstil gehören. „Inspirationen für bewusstes Leben" zu geben, lautet die Mission der Zeitung Quell. Seit mehr als acht Jahren berichten wir über das gesamte Spektrum von Themen, die zu einem nachhaltigen Lebensstil gehören – von Naturheilmitteln bis zum Energiesparen, von traditionell hergestellten Lebensmitteln bis zur ethischen Geldanlage.

Das Internet-Portal www.quell-online.de bietet flankierend zur Zeitung wertvolle Zusatzinformationen und macht die Berichte von Quell für die Leserschaft digital zugänglich. In unserem Internet-Shop bieten wir ein kleines, aber feines Sortiment von Produkten, die dem Kriterium der Nachhaltigkeit genügen und die es im Handel oft nicht zu kaufen gibt.

Die Bücher der Quell Edition greifen sowohl Themen einer zukunftsorientierten Gesellschafts- und Wirtschaftspolitik auf, als auch Themen der eigenverantwortlichen Lebensgestaltung.

Mehr über unser Verlagsprogramm finden Sie unter:
www.quell-online.de/shop/lesenswert.

Im Internet unter **www.quell-online.de** finden Sie die aktuelle Ausgabe von Quell in elektronischer Form. Oder fordern Sie eine Probezeitung an:

Quell-Leserservice,
Saalgasse 12,
60311 Frankfurt,
T 069 – 21 99 49 40
info@quell-online.de

Quell
Verlag

# Quell Edition: Buchsortiment

**Andrea Tichy: Die besten Dinge kosten nichts**

Sieben wirksame Verhaltensweisen, die uns gesünder, glücklicher und gelassener machen | Quell Edition | 2014 | ISBN 978-3-9815402-4-6 | 17,90 Euro

Dieses Buch versammelt beeindruckende Beweise dafür, dass die Natur und unsere unmittelbare Umgebung für uns Menschen eine breite Palette an kostenlosen Vitaminspendern, Heilmitteln und Glücksquellen zu bieten hat. Wenn wir uns auf unsere Grundausstattung und den Erfahrungsschatz früherer Generationen besinnen, können wir in guter körperlicher und seelischer Gesundheit leben.

**Michael Rogall: HaarSprechStunde**

Gesunde Lösungen für schönes Haar | 200 Seiten | Quell Edition |
5. Auflage 2015 | ISBN 978-3-9812667-8-8 | 22,90 Euro

Noch nie gab es so viele Kopfhaut- und Haarprobleme wie heute. Mit seiner HaarSprechStunde hat der Haarpraktiker Michael Rogall schon vielen Betroffenen zu einem selbstbewussteren Auftreten verholfen: In seinem Ratgeber beschreibt er wertvolle Experten-Tipps zur effektiven Selbsthilfe bei Haarausfall, Schuppen und geschädigtem Haar.

**Martina Guthmann: Reiselust mit den vier Elementen**

100 inspirierende Reiseziele | 400 farbige Fotografien | 184 Seiten
| Quell Edition | 2012| ISBN 978-3-9812667-9-5 | 9,90 Euro |

Die Balance der Elemente Wasser, Feuer, Erde und Luft wirkt sich positiv auf die Gesundheit aus. Das Element Wasser steht für Ausgleich, Feuer bedeutet neue Kraft. Das Element Erde stabilisiert, während uns die Luft beim Durchatmen hilft und inspiriert.

Die Bücher erhalten Sie im Buchhandel oder direkt beim Verlag (versandkostenfrei) T 02236 -949 11 30 (8 - 13 Uhr) | www.quell-shop.de

# Die Herausgeberinnen

Sabine Mänken

Geboren 1964 in Nürnberg. Mit der Frage „Wie Welt wohl funktioniert?" entschloss sie sich für das Studium der Volkswirtschaft und Politikwissenschaft. Die Antworten, für die sie als Diplomvolkswirtin gerade stehen sollte, empfand sie ernüchternd und tauschte deshalb die graue Welt der Theorie gegen die lebendige Welt von Familie und Kinder. Die Fragen blieben dieselben, doch im Reichtum der Beziehungen gab es Antworten, die sich weiter entwickeln konnten. Heute ist sie Biographieberaterin in Frankfurt (Einzelarbeit, Seminare und Vorträge). Sie hat drei Kinder.

Bettina Hellebrand

Geboren 1964 in Berlin, zweisprachig aufgewachsen (ital./dt.), studierte Literatur, Russisch und Erziehungswissenschaften in Hamburg und Moskau. Bis zu ihrer Familiengründung arbeitete sie als Gymnasial-und Waldorflehrerin. Seit 2009 engagiert sie sich zunehmend für die Stärkung von Familienarbeit (Gründung von Eltern-Kind-Gruppen, Familienfreizeiten). Derzeit leitet sie in Frankfurt Deutschkurse speziell für ausländische Mütter. Sie ist verheiratet und hat zwei Söhne und eine Tochter.

Gabriele Abel

In Frankfurt a.M. geboren, in Frankfurt aufgewachsen, in Frankfurt lebend.
In unterschiedlichsten Stadtteilen wohnend und als Grundschullehrerin arbeitend bekam sie Einblick in die Milieuvielfalt unserer Gesellschaft. Sie unterrichtete Kinder aus verschiedenen Kulturkreisen. Als Beamtin konnte sie sich mehrfach aus familiären Gründen beurlauben lassen und in Teilzeit wieder einsteigen. Sie ist verheiratet und hat drei Töchter und zwei Söhne.